文化昆明

WENHUA KUNMING

石林

SHILIN

世界喀斯特胜境

中国阿诗玛故乡

总策划 程连元　王喜良

主　编 金幼和

本卷主编 单红霞

云南出版集团　云南人民出版社

文化昆明

石林

WENHUA KUNMING SHILIN

石林

图书在版编目（CIP）数据

文化昆明．石林 / 单红霞主编．-- 昆明：云南人民出版社，2020.7
ISBN 978-7-222-17384-2

Ⅰ．①文… Ⅱ．①单… Ⅲ．①文化史－石林彝族自治县 Ⅳ．① K297.41

中国版本图书馆 CIP 数据核字 (2020) 第 033398 号

出 品 人： 赵石定
责任编辑： 刘　焰
助理编辑： 李明珠
装帧设计： 李乐乐　熊小熊
责任校对： 姚实名
责任印制： 窦雪松

文化昆明 · 石林

主编： 单红霞
出版： 云南出版集团　云南人民出版社　**发行：** 云南人民出版社
社址： 昆明市环城西路 609 号　**邮编：** 650034
网址： www.ynpph.com.cn　**E-mail：** ynrms@sina.com

开本： 787mm×1092mm　1/16　**印张：** 17.25　**字数：** 256 千
版次： 2020 年 7 月第 1 版第 1 次印刷
印刷： 云南出版印刷集团有限责任公司华印分公司

书号： ISBN　978-7-222-17384-2　**定价：** 79.00 元

如需购买图书、反馈意见，请与我社联系
总编室：0871-64109126　发行部：0871-64108507
审校部：0871-64164626　印制部：0871-64191534

云南人民出版社微信公众号

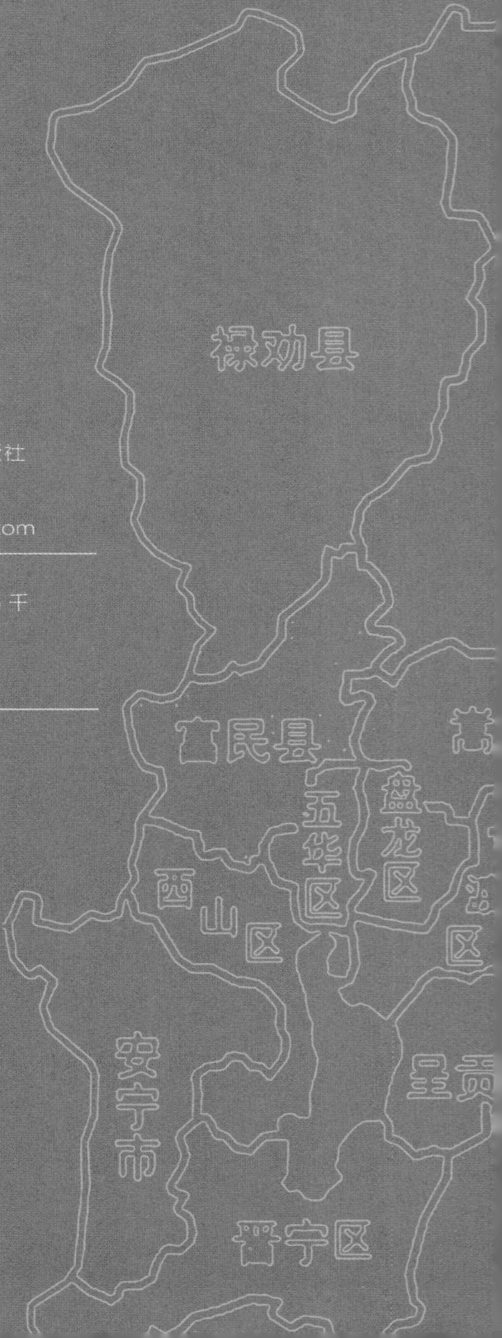

总 序

历史名城 异彩绽放

云南省省会昆明，地处中国西南边陲，有“春城”之美称，是一座有着悠久历史和奇特自然风光的诗意之城。国务院1982年公布首批24座历史文化名城，昆明就以其优势位列其中，尽展风采。翻开这套精美的“文化昆明”丛书，可以让你尽览其内涵的丰富和博大，满足你对昆明文化的追思与怀想。

转眼之间，昆明已经走过1240多年的漫漫历程。它古老而年轻，传统而时尚，在时光中积淀下丰富多元的文化底蕴，向世界展示出“历史文化名城”的奇特风姿。它三面环山，南依滇池，在历史的波涛中经历岁月变更。上天垂爱，这里天高云淡，彩云南现。花在这里四季不谢，风过这里温暖如春。

“春城”之名，名副其实。

早在2000多年前，昆明就是“南方丝绸之路”的重要陆路枢纽，连接起中国和世界的友好往来。当今盛世，它又重振开拓进取的雄风，成为中国面向南亚、东南亚开放的门户城市。它浓缩了云南省的区位优势，集中体现了云南的美丽、神奇和多姿。它是国家历史文化名城，也是中国重要的旅游、商贸城市。在昆明获得的众多荣誉中，近年新获的这几项尤其能说明它的独特优势：2016年中国十佳绿色生态旅游城市、2016年中国最具魅力宜居宜业宜游旅游城市、2017年世界春城十佳、2017年中国年度文化影响力城市……昆明正在以出色的自然生态环境和深厚的文化底蕴，向世界展示历史文化名城的特殊魅力。

历史是一幅壮丽长卷，展开这幅长卷，你将会看到昆明这座历史文化名城的前世今生，感受到它的风起云涌、波澜壮阔。它在时间中一路走来，历经岁月风霜，积淀下厚重的人文传统。“文化昆明”丛书就是为了展示昆明文化风采而作的一部大气之作。翻开它的书页，你将进入一个古老博大、丰富多彩的昆明。你会看到，在岁月帷幔后面，昆明收藏着一部部风云传奇。

早在数千年前的漫漫时光中，古滇国人就开始依傍滇池筑城。一座苴兰城，在历史的天幕上熠熠生辉，留下几多风云传奇，为昆明开启了一扇文明之门。后来又历经汉代的谷昌城、南诏的拓东城、大理国时期的鄯阐城、元代的鸭池（或中庆城）……城市的身影在历史的烟云中起伏，文明之光在时间长河中闪耀。一路走来，至明代的“龟蛇之城”，终于奠定今天昆明城的基础和风貌。那些承载着昆明历史与传奇的事物，至今还在历史舞台上演绎着不息的传说。

翻开“文化昆明”丛书的书页，历史画面如风如雾，岁月足音隐隐可闻。金马扬蹄碧鸡欲飞，五华风烟谱一代传奇。你会发现，昆明的每一段历史都和国家命运紧密相连；每一张书页中，都有生动的故事随风传扬。重九起义、护国运动，写下不朽历史篇章；蜿蜒的滇越铁路、滇缅公路，带着使命从昆明出发，谱写下时代风云传奇；滇军台儿庄抗战从昆明启程，西南联大入滇到昆明集合，历史见证着昆明对国家、民族的无私奉献……

昆明是云南的中心，也是历史风云的大舞台。穿过时光隧道，可以窥见历史波光潮起潮落，永不沉寂。真正是叹不尽数千年往事，写不尽代代英雄辈出。

有着悠久历史的昆明，不但有厚重的历史文化底蕴，还有无数美丽动人的自然风光。立体多元的气候条件和自然资源，更是昆明得天独厚的优势。

水，滋养了昆明古老的历史，也创造了昆明文化的精神——博大、包容、温润、丰厚，是一座城市发展进步的精神底蕴。滇池是全国第六大淡水湖，辽阔五百里，风光无限好，如同一面明镜，为昆明带来"波光潋滟三千顷，莽莽群山抱古城"的美景。它是昆明的母亲湖，更是昆明历史文化的重要源泉。盘龙江等河流从四面注入其中，汇聚成一个壮观的高原之"海"。它收纳昆明的历史光影于波光涛影中，见证着时间岁月的悠久绵长。它养育了古滇国的厚重，创造过古滇文化的奇观。从昆明穿城而过的盘龙江，则如同一条蜿蜒长龙，书写下昆明现实发展的壮丽长卷。

山，是昆明的屏障，昆明的筋骨，支撑起厚重的历史与文化。耸立的山峰，是昆明精神的另一种写照，象征着坚强的意志与不屈的努力进取。群山拱卫昆明，守护着中国西南这片边远辽阔的美丽疆土。立足滇池，放眼四方，"东骧神骏，西翥灵仪，北走蜿蜒，南翔缟素"。山是昆明文化精神的另一个侧面，它代表着坚毅、刚强，以千万年的沉默，矗立成一种不屈的精神。

如此多情山水，养育了昆明的花，风情万种，四季不谢。花是昆明人温婉、多情性格的体现，也是昆明这座城市热情、开放、进取精神的象征。"不要人夸好颜色，只留清气满乾坤。"无论哪个季节来到昆明都有鲜花盛开，每个角落都会给人充满温馨的享受。近年来，斗南的鲜花市场在努力进取中崛起，以花色缤纷、花市多姿而闻名世界，为昆明这座"花之都"平添异彩。

昆明的自然景观丰富多元，人文创造相得益彰。在历史长河中，昆明一直在努力奋进，奋勇拼搏，追赶着时代前进的步伐。它由民国时期的4.49平方千米，发展到今天的21473平方千米，就是最好的证明。如今的昆明下辖7区6县1市，其省会城市的规模和风姿独放异彩。每一个区、县、市，都已经形成自己独有的特色和优势，共同构成一个多元、开放、进步的新昆明。放眼之处，五华拥翠，盘龙蜿蜒，官渡涛涌，西山苍劲，主城的四个区，历史悠久，风景独异，拱卫出昆明的内核和精神气蕴。

“中国花卉第一县”的呈贡区，这里不仅有驰名天下的斗南花市，还是中国著名的蔬菜生产基地。大学城的建成，更为它增添了浓厚的文化意蕴。地处昆明东北部的“天南铜都”东川区，则以红土地的神奇壮美闻名于世，描绘了一幅壮丽的自然画卷。位于滇池之畔的晋宁区，有深沉厚重的历史底蕴。它是古滇王国的发源地，青铜文化的古老摇篮。富民县素有“滇北锁钥”之美称，默默守卫着昆明北大门。嵩明县收获了“滇中粮仓”“花灯之乡”“龙狮之乡”之美誉。寻甸回族彝族自治县，红军长征在柯渡留下了红色遗迹，向后人昭示着一种开拓进取的精神。石林县有“云南石林世界地质公园”，宜良县有“九乡风景区”，每一处都是大自然的鬼斧神工，也是闻名天下的自然奇观。禄劝彝族苗族自治县境内的“乌蒙轿子雪山省级自然风景保护区”，苍峰雪顶，珍奇遍地，也是一处神奇险峻的自然杰作。距昆明 32 千米的安宁市，历史悠久，有“螳川宝地，连然金方”之美誉。2017 年 11 月，安宁市又力挫群雄，荣获“全国文明城市”荣誉称号。

今日的昆明开拓进取，成果卓著。触目处有花香遍地，鸥鸟欢鸣；举头望长空雁叫，银鸟翱翔。还有一条条高铁线路，如风如电，连接起八方美景。一个立足西南、放眼世界的新昆明，正在时代征程中尽展风姿。

自然风光旖旎多姿，人文精神源远流长，二者互相映衬，在长长的时间轨迹中塑造了昆明文化的基本精神：丰富多元，立体多姿；开拓进取，敢为人先。它为昆明在新时代的发展进步，奠定一片厚重背景。

文化是一块土地千百年历史精华的凝聚，是无数人心血和汗水的创造。文化也是当代人的精神家园，是一座城市的根脉所在。作为一个地处边疆、多民族共居的城市，作为一个承载着丰富时代内涵的省会城市，昆明的魅力不言而喻，它是中国西南大地上一块闪烁着五彩奇光的瑰宝。

优秀的传统文化，是经过时间之网过滤之后的岁月精华，是一代代人心血和精神的凝聚，也是一个时代创新发展的源泉和根基，一块土地的根脉之所在。有了文化的滋养，一座城市才能在前进征程中焕发新光彩，激发前进的动力。优秀的传统文化，也是不可再生的精神资源，需要我们怀着敬畏之心去学习和传承。

人们怀念老昆明，就是对优秀传统文化的追思与怀想。它们是那些从时间之页上流走的古老日子，既有风云变幻构成的宏大篇章，也有日常生活的平凡与诗意。诸如传说中“昆明八景”的瑰丽，滇池浪尖的鱼跃，盘龙江畔花灯的悠远，还有西山龙门的险峻，南屏街梧桐的婆娑，正义路灯火的璀璨……

翻开“文化昆明”丛书，它可以满足你对传统和现实的审美需求，可以展现给你昆明多姿的侧面和丰富的内涵。组织编写这套丛书，是本着一种对历史负责的态度，对子孙后代负责的精神，对昆明文化内涵的一次集中梳理与总结。同时，这也是在历史长河中捡拾珍珠的过程，把它们连接成一串闪光的珠串。

用历史的眼光、文化的视觉、文学艺术的手法、文化大散文的表现方式，来展现昆明的文化，让昆明的历史和特色生动形象地彰显于世，这是组织者的良苦用心。多姿多彩的文本，行云流水的文字，是昆明众多文人才子精神智慧和文学才华的倾情奉献。

一套“文化昆明”丛书，将昆明历史文化的精华囊括其中。每一页都有岁月之光在闪耀，每一册都有珍珠珍藏其中。翻开它，你可以从滇池涛声中谛听古老岁月的悠悠回声；进入它，你可以展望新昆明的辽阔远景。古老悠久的文化传统，如同川流不息的盘龙江，滋润着昆明这块古老、开放的土地，引领它创造更加美好的未来。

石林

目录 Contents

文化韵

SHILIN

石林

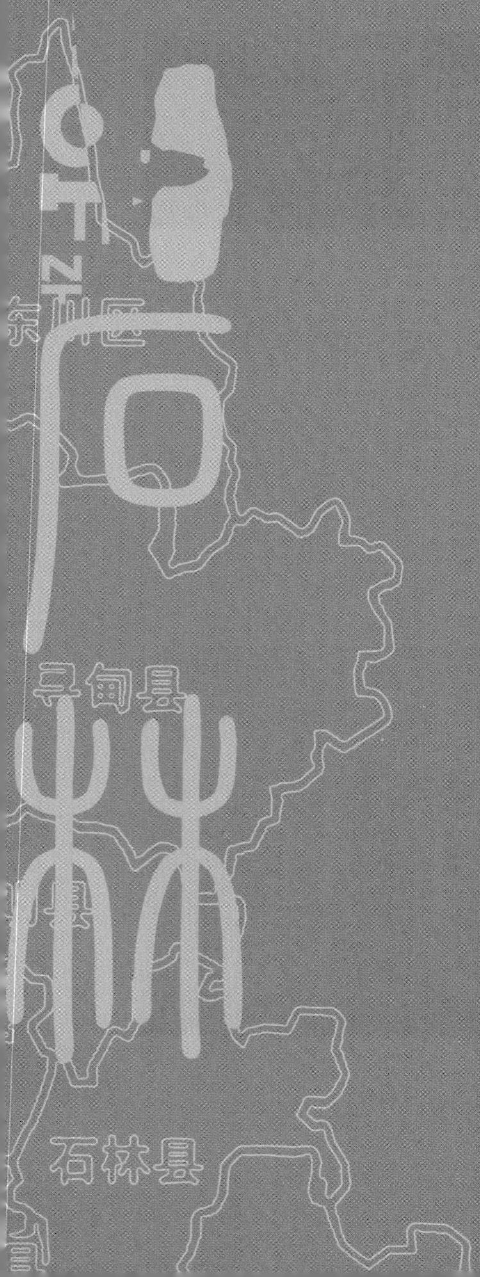

第一章 穿透历史的霞光

历史的本质是沉淀，自然的本质是平衡。书写是修复记忆的方向和感觉，是对历史碎片的捕捉。历史和自然的相互映照具有穿透力和感染力，人获得了意义的高度乃至无限的永恒，并以此建立起对世间万物的敬畏之情。

一石破天　君临天下

神秘莫测的造物密码散布在原梦之乡，那场波及华夏大地的燕山运动将沉睡亿年的海底一寸寸抬高，向这个崭新世界投下第一抹眼光。史前神斧在岩石上拉出深深的旋律，那些肌理从此纵横深远，绵延于庞大奇迹的序曲之中。

距今二亿七千万年以前，云贵高原是一片激荡着辽阔与盛景的汪洋大海，水是维系宇宙万物生灵的灵魂。在石林这片海面上，生长着许多动物与植物，因为它们的存在，世界不再静止而寂寥，万物拥有的勃勃生机，生命的原生状态，蓬勃生长的强烈愿望，被渺渺纵横的水波衍生出繁复多变的个性。其中一个最重要的特性，即这些动植物们最终能形成碳酸钙沉积物。

炎热的气候，充沛的雨水，动植物的生长或衰亡都具备了加速度，动物植物们的尸骸如同古老的预言一般，缓缓沉积到幽深的海底。神秘莫测的海水将它们紧紧揽于怀抱，用绵绵若丝的密语将神灵的密码传递给它们，这些沉积物便具备了最最私密的幻想和最最强烈的渴望。上亿年的时间年轮中，造物之神预设好的那个奇迹规划依然鲜活如初，一大层厚厚的沉积物蓄积着辽阔雄伟的寓意远景。

几十万年后，沉积物终于演变成了化石。在距今七千万年时，神秘莫测的造物密码散布在原梦之乡，历史性的转折源于那场波及华夏大地的燕山运动。沉睡上亿年的海底被一寸一寸渐渐抬高，

藏在海底的石头逐渐露出水面，向这个崭新的世界投下第一抹好奇的眼光。海水时刻不停地拍打岩石，史前神斧上下翻飞滔滔挥舞，悠扬的弓弦在坚硬的岩石上拉出深深的旋律裂痕，那些肌理从此变得纵横深远，绵延于庞大奇迹的序曲之中。

造物神精密的日晷仪密密颤动，地壳迎来了再次抬升的机缘。岩石的全身冉冉露出海面。这一刻起，他终于见到了郎朗晴天，见到了广袤大地，见到了巍峨山脉，见到了新生代盆地强大的野生植物群体。所有的大自然体系和精神家园在他周围密密织网，从那一刻起，他像人一样拥有了自己的出生地。海水纤细的琴弦弹奏着绵绵长夜的迷

❶ 地貌奇观

❷ 回忆与梦想

1

2

惘，浪涛演奏的音律以时间的脉动浸润于他的每一道石纹肌理之中，在他周身形成变幻莫测的水之铭文。岩石倾注全部的身心与精髓，与海洋之外的天地融融交汇。

随后的几十万年光阴里，含有二氧化碳和有机酸的雨水不断冲刷溶蚀，整块的岩石形成形态各异的溶蚀沟，如同创世纪密语的诡异线条。岩体的整体最终神形彻底分离，在鬼斧神工之下形成了石芽、石柱、石门、石峰，形态千奇百怪，轮廓复杂嶙峋。至此，一个叫石林的天造奇观傲立于天地万物之间。它们倾斜角度很小，几乎不会倒塌坠地，在第三纪一场巨大的火山爆发之后，一层厚厚的红土将石林小心翼翼覆盖保护起来，以沉睡的方式进入50万年前。

❶ 寓意远景

❷ 筹划已久的奇迹

❸ 海洋痕迹

第四纪地壳回升，山脉云天的神奇雨水含着形而上的寓意，将晚第三纪土层冲刷荡漾开来。霎时间，一座载满回忆、梦想与厚重积淀的石林拔地而起，以帝王的姿态君临天下。这是世界唯一一个处于亚热带高原地区的喀斯特地质地貌奇观，气势恢宏，类型繁复，以哲人的思考深含隐喻，以丰富的构景广袤分布，屹立成为桀骜不驯的天下奇观。它的存在，从形到神均趋向于世界的深处，令世人享受赞叹之余，萌生出对大自然由衷的敬畏之情。

一石破天

嘚嘚马蹄　悠悠古桥

马蹄声声晕染着每一寸空间，视线被牵至邈远几个世纪之前，上演车水马龙的前尘旧事。越过桎梏的藩篱，与一座遗世独立的古石桥蓦然相遇，神一般的存在刻写着命运情缘的变幻莫测，铭镂着岁月沧桑的跌宕起伏。

滇黔驿道

在一个艳阳天的午后，犹如被冥冥中某种意念所牵引，来到位于石板哨和天生关村之间的一个隘口。目光不经意的一瞥，蓦然发现一条泛着烟灰色光泽的青石板古道！古拙的石板在阳光映射下发着幽幽的光，视线被牵至邈远，邈远达几个世纪之前，那里上演着车水马龙的前尘旧事。

我的皮肤感受到了明朝洪武年间的温润空气，脚板感受着当年的地温，心跳的节律与往来于此的嘚嘚马蹄一起共振。这条古老的驿道从明洪武十五年（1382 年）前的晨曦当中悄然而来，从车马行人的熙攘之中扑面而来，从一次次等待与出发之间逶迤而来。这驿道大约是当时人们心目中最神圣的一条道路吧，它是石林县最早与外界交往的交通要道，直通南京，直通金銮圣殿。面对时间的尖锐光芒，它映衬过多少历史事件，又深藏了多少禅机，却依然在苍凉中笃定且从容着。

明朝时期的老水井

古道端口有一口古水井，粗粝的石凿井口有着圆润且饱满的尺度，深不见底，荡漾着明洪武十五年（1382年）间的一个缘起。古井背后是一个门楣开阔的院落，单檐悬山顶建筑形式端庄大气。门面不大进深却很大，穿过长廊进去还套着一个更大的院落，面阔六间。大门前左右各端立一座大青石打造的石墩，基底宽厚尺度开阔，柱脚做一个略微收拢之后于顶部再度放开，用的是整块大青石。这是一对阔气而讲究的上马石，这座院落是明洪武年间的一个马店，容纳四五十匹马休息毫不拥挤。骑着马或驮着货物赶往南京的旅人商贾，千里迢迢行走至此时，停下脚步，小住两日，补充给养歇息休憩，再重新启程。

循着石头路面的粗粝磨痕，一股神奇的魔力将我带回明朝某年。

沿着古道绵延开去的，有舒适温馨的驿站，有交换官文的关卡，还有前铺后屋的小卖店。过客行人透过小卖店打开的窗棂，一眼能看见商铺里陈列的衣服、鞋帽、小食品等百货。笑容可掬的店老板站在窗口兜售他的商品，隔着柱廊向街上过往的熟人打招呼，

小孩子手拿奖励的糖果奔来跑去。身为滇黔驿道之大站，这条街从早到晚车水马龙，人声鼎沸，有十多家马店客栈，每天有两千多匹过往马匹，有商业头脑的村民把房舍临街一面敞开来做小买卖，一年四季生意兴隆。

这是石林县最早与外界交往的交通要道，始建于明代，属滇黔驿道的一段，也叫通京大道或罗平驿道。驿道来自昆明，经呈贡、宜良进入石林县大哨、小尖山、和摩寨、天生关等村，再延伸进入陆良、师宗、罗平及贵阳，石林县境内全程二十二千米。明洪武十五年（1382 年）在和摩寨设立和摩驿站后，这条驿道是传递官方和民间邮件及物资的唯一通道。

这条青石板道路，清代天生关村翰林院庶吉士周师出资重新修葺过，如今虽然斑驳苍老，凹陷积水，但它曾作为通京大道的辉煌，对研究古代邮政史、交通史具有的重要历史意义，是昆明地区现存规模最长的驿道遗址。

明洪武十五年（1382 年）建成的古驿道——天生关路段

想从上马石的纹理中寻找到岁月历弥久新的画面，想从

邕州古道石板哨至天生关路段遗址

石板路铭刻的马蹄印中演绎明朝以来藏匿的各种传奇和秘密。天宇洪荒造就了人类适应生活的种种能力，其中最伟大的能力就是建造。人类从挖掘洞穴到建造草舍，再到营建庙宇殿堂之后，又开始建造道路，所有的活动都围绕着建设这个主体周转不息。人类历史屏幕上展现而出的一个个故事，一幕幕场景，生活的、工作的，政治的、宗教的，细微的、宏大的……从头至尾都脱离不开以道路作为背景。

很想透过那一幢刻着“耕读传家”的老宅解构这户人家的历史，许多古旧住宅的匾额上，很容易见到“耕读传家”这四个字。“耕读传家”在老百姓中可谓流传深广，深入民心。耕田可以事稼穑，丰五谷，养家糊口，以立性命；读书可以知诗书，达礼义，修身养性，以立高德。所以，“耕读传家”既学做人，又学谋生。在古人看来，做人第一，道德至上。在耕作之余，或念几句“四书”，或读几句《三字经》《百家姓》《千字文》，或听老人讲讲历史演义。人们就在这样平平常常的生活中，潜移默化地接受着礼教的熏陶和圣哲先贤的教化。

没有一条古道有这条古道上的马蹄印多，每一块大小不一的青石都被磨蹭得光滑亮泽，街道、暮色、窗扉……远方传来的马蹄声打破寂静，将诗情层层推向高潮。一起一伏，一扬一抑，情景逆转产生的戏剧性，构成这条驿道遒劲跌宕的旋律基调。

千百年来，尽管沧海桑田世事浮沉，而古道特有的韵律依旧悠长。现代化建设的风驰电掣，也泯灭不了古朴的驿道韵味、铭文般的马蹄印记、记忆斑驳的岁月刻痕。

完美的姿态

悠悠古桥——叠水桥

桥的存在刻写着命运情缘的变幻莫测，铭镂着岁月沧桑的跌宕起伏。曾经的我在纷扰的时空挣扎，在红尘俗世中寻寻觅觅，心存切切企盼与碎碎念想，想要在一个特别的地方邂逅一座特别的桥。

世间万物之间总是有着一种偶然或必然的牵连，冥冥之中有注定，千年之前早约定。今日，一寸一寸来到城市的边缘，远离城市的喧嚣，越过桎梏的藩篱，与一座遗世独立的古石桥蓦然相遇。

三月的阳光并不灼热，我走在午后寂静的山谷里，一千米外的大叠水瀑布渐行渐远渐无声，四周一片寂静。千仞峭壁时而峥嵘显露，时而起伏绵延，浇筑出无边无际的绿。世间所有的华丽、纤秾、盛大都在这一刻消亡隐退，只剩下某种纯粹的单一。这单一来自一座古老的石桥，它以近乎完美的姿态静卧在巴江河的清清水流之中，以一种凄凉旷野的美呈现在眼前。

一道忧伤而孤寂的彩虹横卧在巴江河上，昭示着世界的空寂与太古的无常。无论从任何角度看过去，它都如此素净、简单，却有着巨大的冲击力，撼动着我的目光。它以完美的体量和尺度稳稳矗立在那里，纵然巧夺天工，却始终沉默而遥远地单一着。单一的岩石，单一的颜色，单一的味道与气质，还有单一的纯洁度。古朴苍劲的石纹脉络，以深切的寓意连接着巴江河与南盘江。

没有碑刻，无法知晓它的设计者或建造者是谁，好像是天外飞来的杰作，又好像是神灵故意留下的遗迹。几百年的岁月深深铭刻在它伤痕累累的身体之上，描画在爬满沧桑的额头上，记录在每一块石头细致入微的接缝上。很少有石桥似它这般依山傍石顺应自然，四周布满大小形状各不相同的岩石，每块石头都写着满满的古朴与沧桑。硕大峻峭的岩石既是桥基的组成，又是桥墩的依托，仿佛造桥者故意借来造景的道具，东西南北

皆有景致。百年古树成为桥的组成部分，根系深入桥身钻入桥基透出石缝编织起稠密的大网，枝冠凌驾于苍宇撑起盛大的华盖。

庆幸的是，这个奇迹，这个天才的创意，没有被风霜雨雪摧毁，没有被岁月沧桑磨平，也没有因这个时代的修筑道路指示而惨遭埋葬。

古桥安然而又不动声色地矗立在那里，我的眼睛无法移开。

空气宁静而清幽，山色空蒙皆画意，石桥深处带诗来。一只鸟在阳光中飞上树梢，微颤的影子落在我脸颊上。大块的岩石袒露着、张扬着，夹缝中钻出一些蓝色、黄色、紫色的细碎小花。我仰望石桥，扬起脸来让感官放飞，它无语默然，茕茕独立。我嗅到古石桥阳刚且纯粹的气息，避世、超脱、独立。它大约是一座连接宜良狗街、石林板桥和弥勒的古代经商驿道桥梁，巴江河从北而下，穿过石桥之后流向南盘江，经宜良、华宁之后折回弥勒境内，再流入广南，最后进入贵州。历史与现实，孤独与渴望，梦呓与轮回，在此静默地对峙着，在阔大的宇宙对抗前，它选择了安然。

环顾四周，青山峭壁，野鹤闲云，静谧舒适。石桥最初建造时只有一个桥孔，后来巴江河水改道，睿智聪慧的建造者顺着河流走向，依岩石之势再造了三个桥孔。第一个孔洞的功能沦为主桥泄洪辅助桥，与其他三孔虽间隔跨度稍大，却始终相依相连，两者之间彼此独立又互为一体，形断而神不断。这个天才的创意以无道为有道，刹那间让整个桥体拥有了四孔相连的延续韵律，具备了头尾扭动的渐变节奏。它有着巧美相融的、彩虹般浑圆完满的弧度，

❶道法自然

❷单一的味道与气质

又有着共同统一的、无法混淆的气质内涵。高低变幻的起伏动感，寓巧于拙的道法自然，打破了多孔平直的单调规则，整个建筑形式节制、内敛而典雅，一如含而不露的情感表达。

不论从山巅朝下俯瞰，还是顺着河水朝它凝望，这座四孔石桥都是独一无二的。桥墩的迎水面和背水面有两座三角形金刚墙，各自向南、向北延伸着。第三个桥孔北侧和南侧半圆形拱券正中，镶嵌着代表传统吉祥寓意的鱼头鱼尾的精美石雕。深青色的石灰岩，石块与石块之间以传统糯米灰浆黏接工艺砌筑，耐水，结实，抗风化。在粮食匮乏的古代，以糯米浆这样高昂的成本建造一座石桥，其奢侈与隆重令我遐思飞扬。

凝视石桥的时候，无疑是在凝视造桥者的面孔。也许他一生就只成就了这一座石桥，这座石桥满载着他一生一世的最大梦想，使他的灵魂获得最大的满足，从此圆满了他每个深夜的梦。这样的认定让我带着些许梦幻，些许穿越，些许感慨，流连忘返地徘徊在此。我的步伐顽强推向它所隐喻的那个时代，进入我醉心的、被光芒和时空所造就的河流源头。

岩石干净无苔，可以安坐发呆。偌大的河床虽没有人去洒扫，却无一丝尘埃。泠泠清波洗刷着前世今生，被春天激活的滇杨在蓝天下泛着耀眼的彩色。捡

❶ 工艺精湛

❷ 泠泠清波洗尘心

起一朵野花，花蕊里藏着无限的乡愁。光脚踩在那些大青石上，伸手撩一撩水波，清凉、纯净。一泓清泉从它怀抱里穿流而过，跨越千年的清凉与无欲，淡定与从容。

空山、鸟语、石桥，与它的邂逅，仿佛我最珍爱的书页里少掉的一页插图，现在终于补上了。我想，我会在另一个时空与它相遇。

古风优雅　历史啸啸

沐浴在晨光暮影中的塔出落成最坚定的时钟，历史忘记了它最初到来的时间。文庙武庙的琉璃瓦苍苔上，光阴从廊柱间拂过眼角。刻上文字的石头被冠以铭刻诉说之永恒，历经风雨言之凿凿，千百年的历史回望穿越闪回。

重教兴邦——文笔塔

文笔塔安安静静坐落于九蟠山。

苍山如海，文笔塔犹如海中灯塔傲然挺立，收留着古人的风雅，先哲的人文，读书人的情怀。它伫立于孤独山巅俯瞰群峰，风声是它唯一的独白，飞鸟是它唯一的伙伴。犹如深谙世事的先知，心里装有太多的往事和未来的预知，一百多年来，大隐于斯，远离山脚之下喧嚣的市井。

塔，总是需要晨钟暮鼓萦绕左右的。若没有晨钟暮鼓，便会忘记了时间。一直到现在，人们总认为时间是在时钟和人之间周而复始地运转，我远远眺望着文笔塔，在春风、夏雨、秋霜、冬雪的反复雕刻下，沐浴在晨光暮影中的塔出落成了最坚定的时钟，最有价值的纪念品，最具时代特征的象征物。时光如风，逝水刹那，岁月无痕，唯有钟声。历史忘记了它最初到来的时间，因不知起始，便留下更多的空间，从而诞生出更多的神秘。神秘光影之下，很多故

事由此衍生。

文笔山，山大海拔高，具有地势分水岭的作用。在我仰望塔的时候，时间飞逝如风，坚硬如刀。“文笔山”“文笔塔”……究竟是山因塔而得名，还是塔因山而得名；或者因塔体形状似毛笔，故名“文笔塔”，未详其实。无论是山名还是塔名，都默默诠释着文明与文化的渊源。文笔塔设立分水岭，犹如文化对于众生属性之分水岭，有与无之间，天壤之别。

无论脉脉春阳下，还是凛冽冬雨里，文笔塔都巍然屹立在古树苍劲的摇曳中，在人们的凝视中得以膜拜。它已不仅仅是一个建筑，已然成为追求文化的象征，是石林人心中不容倒下的图腾，稳稳伫立在一脉山巅。

古人的风雅

民国六年（1917 年）《路南县志》记载，清光绪二十一年

1

（1895 年），知州黄玉芳及乡绅捐资重修文笔塔坍塌部分，目的在于借文笔石峰而振路南之文风。光绪二十二年至二十五年（1896—1899 年），知州时鸿文、弥勒虹溪富商王炽、路南众乡绅等共同筹划并捐资，历时四年完工，用银七百余两。塔建好后，镶碑于塔北侧而刻有《文笔赞》云："哉佩啊，斯文枢纽，秀耸巽方，光射牛斗，正直高明，摩天峻陡，濡云汉以为章，助文人而长久，灵爽式凭，飨兹牲酒。"

文笔塔垒叠的条石，一砖一瓦古朴大气，一石一砾自成风流，是一座造型独特的塔。塔的中下部呈圆柱体形如笔管，顶部呈圆锥体细如笔尖，塔底直径十米，塔身高二十余米，全部是用精心加工过的、大小一致的长方条石砌筑成实心塔。塔体西北面镶有一块石刻，刻有"塔词"。塔词云："昔人以其平衍建文笔，后人才辈出于同村，四属中文风称最焉，自坍塌后

❶ 文笔塔修缮前

❷ 修复后的石林文笔塔

士气渐弱百余年。光绪丙申—已亥年重修。”

一块块精心打造的条石垒起的文笔塔，承载的是文人学子潜心学问，十年苦读，化为人中龙凤的梦想，一如这山的名字——九蟠山。宏大的愿望潜行于文笔塔中，蛰伏在这片土地的蟠龙，终有一天会升至九天。

作为明清以来，石林、弥勒、陆良一带比较著名的标志性历史建筑，文笔塔是石林县尊孔崇文、重教兴邦的历史见证。

后来，由于森林茂密，交通不便，且路途远，上文笔山祭拜文笔塔不易，文人学士要祭拜时，便来到双龙山，登魁阁，面朝文笔塔遥遥祭拜。清朝末年，塔被雷击后，富商王炽主动捐银子修复。文笔塔垒好后没几年，又被雷再次击垮。

文化气场——文庙

生命是一种状态，建筑是一种气场，人类社会的文明往往在建筑形式中得以呈现。不论金字塔、斗兽场还是大明宫、紫禁城，圣殿庙堂一旦耸立起来，人类的等级和秩序便被包裹其中，精神和信仰在其

文笔塔《文笔赞》

大成殿

中得以宣扬。只有气场充沛才能胸胆开张，只有气场清朗，才能源远流长。石林文庙古建筑群，就是一片文化底蕴无比鲜活的气场。

文庙，是纪念和祭祀伟大思想家、政治家、教育家孔子的祠庙建筑，在历代王朝更迭中又被称作文庙、夫子庙、至圣庙、先师庙、先圣庙、文宣王庙，尤以“文庙”之名更为普遍，是儒教活动的重要场所。这个时期的文化发展似乎要通过庙堂化、仪式化来达到一个高峰。仪式化中的情感和信仰无比真诚，而它的民间性和娱乐性被大大削弱了。然而，多少年以后，却出现相反的情况，民间性和娱乐性大大增强，而情感和信仰却难以界说。这或许是文化的一个规律，在庙堂化和民间化之间来来回回。

站在文庙大殿前，凝视着琉璃瓦苍苔上的青草黄花在阳光里轻轻摇曳，踯躅于庙堂间，光阴从廊柱间拂过眼角，千百年

1

的历史回望穿越闪回。自古圣人之道，无论多少沉浮，多少起落，亦无论多少腥风血雨、战火纷飞、铁马冰河，依旧顽强地向前伸展。一座庙堂犹如一棵以礼、义、廉、耻为躯干的参天大树，仁、义、礼、智、信是大树的种子，种子浩然播向四野，构成中华文明的理念。

普天之下，哪幢建筑能把一个民族的文化如此有序罗列？哪种建筑面对无数次毁坏之后又无数次修葺如新，甚至每一次的重建愈发使之挺立辉煌？唯有文庙。它承载着中国人的精神道德，滋养着中国人的文化血脉，宣扬着中华民族的文化理念。外来的入侵者不能毁灭它，不肖子孙不能践踏它。神州大地煌煌有之两千余座，文化渊源泽润九州。石林文庙为其中之一，默默滋养着这片以石为林的神奇地

域，滋养着这片土地上的各族人民。

史书地志的记载勒铭，石林文庙之沿革变迁历历在目。面对着这恢宏壮阔的七开间大成殿，前世今生的篇章被一遍遍翻阅，门楣间穿行跳跃的心思咀嚼着底蕴深厚的那些过往。那些看似重复的记载不是简单的重复，是要让人们记住，斯文在兹，根源在兹。

探遗访古，是想知道它的源起源涌。这些见证过历史伤口，经历过春秋风雨的石阶梁柱，在斑斑驳驳中沉默着。那座曾经恢宏敞阔的殿堂，那座祭祀伟大思想家、政治家、教育家孔子的建筑群，是气宇轩昂的。高大的红墙映衬着金色的琉璃瓦，在台基柱础、丹陛石、楼阁、亭台，牌楼、廊柱的拥戴之下，大成殿、棂星门、泮池，影壁匠心独运，道貌俨然。

能够影响人类社会文明发展数千年的思想，往往于旷世的孤独中产生。孔夫子老迈的身躯奔波在二千五百年前的西风残阳里，踯躅于东周列国的城郭与荒野中。亡命天

❶ 文庙庭院

❷ 文庙大成殿

大成殿俯瞰

涯，困于陈、蔡；有心击磬，无人知音。那是真正的艰苦卓绝，真正的望断天涯。千年之后的历史，证明他思想的闪电照亮了中国文化的内核，独到的思想无人望其项背。他创立的儒家思想赢得后世历代封建王朝的推崇备至。

于是，修庙祀孔成为历代的国家大事。汉高祖刘邦于公元前195年十二月自淮南还途径鲁地时，亲自以太牢（猪牛羊三牲）之礼祭祀孔子，开创了帝王祭孔的先河。后汉武帝采纳“罢黜百家、独尊儒术”的文化政策，儒家学说成为显学，在中国社会开始居于正统地位，祭孔活动倍受统治者重视，成为国家不可缺少的常典，扩建孔庙之风随之兴起。

石林文庙始建于明朝嘉靖三十五年（1556年），该建筑群以规模较大，造型别致，雕刻精细，成为石林县最完整、规模最大的古建筑群。万历二十四年（1596年）重修，万历二十五年（1597年），建启圣祠、文昌宫、乡贤、名宦诸祠

堂。万历三十五年（1607 年）建尊经阁。天启元年（1621 年）迁启圣祠于尊经阁后，凿泮池于棂星门外。清嘉庆十五年（1810 年）重修文昌宫，后历经多年的扩建，初具规模。咸丰七年（1857 年），文庙古建筑群毁于兵燹，文庙古建筑群几无幸免，仅遗文昌宫。光绪十六年（1890 年），知州陈先溶重建大成殿、启圣宫等建筑，重建魁星阁于魁阁山。

大成殿在结构上采用抬梁式，沿着房屋的进深方向在石础上立柱，柱上架梁上重叠数层瓜柱和梁，最上层梁上产脊瓜柱，构成一组木构架。在平等的两组木构架之间，用横向的枋联络柱上端，并在各层梁头和脊瓜柱上安置若干与构架成直角的檩。抬梁上为重檐歇山顶，举架反宇，屋顶巍然高耸，檐部翼角反翘。抬梁上饰如意斗拱，正面雕卷去纹饰，夹有腾飞龙凤。木柱组成台梁式木构架承托双层木质雕花斗拱托承的栋梁

文庙大成门

文庙东庑

和檐口，富有艺术性，不单具有清代的建筑风格，还兼保留了明代的特色。

重建的文庙沿中轴线为文明坊、泮池、石牌坊，有前殿、中殿、大成殿三院，左右有文昌宫等建筑群，为斗拱抬梁式土木结构。斗拱是广泛运用于孔庙建筑中的建筑式样，在抬梁式结构中，斗拱运用尤为突出，在方形座斗上用若干弓形小斗与若干文武的挑迭装而成，柱头上、柱与柱之间、角柱之上比比皆是。最初斗拱是用以承托梁头、枋头，也用于支撑出檐的重量，后来才用于构架的其他节点上。出檐的深度越大，斗拱的层数就越多。在抬梁式结构中，作为文庙建筑，斗拱的作用一是支撑的构件，二是表明文庙的地位，以显示其等级。封建社会等级森严，只有宫殿、寺庙及其他

文庙庭院

高级建筑才允许在柱和内外檐的枋上安装斗拱。

文庙于民国六年（1917 年）又重修，正脊、垂脊、戗脊等均为黄绿琉璃瓦相间，色质浑厚，鲜艳夺目。立柱荷重，檐枋穿插，檐下柱头，转角和补间分布均置五踩重昂斗拱飞檐挑角，雕梁画栋。七开间的大成门古建筑，为国内罕见。斗拱雄伟，檐出如翼，斗拱双杪榆心。周施单翘双昂斗拱，里转三翘斗拱，梁架结点间用单翘斗拱。梁架彩画，绘龙形天花板。棂星门雕刻华美精细，石质为红砂石，其柱全部通到，或雕刻云龙纹，或立有动物，柱足抱鼓上均卧神态各异的石狮。其门枋雕刻颇具有地方特色，如“二龙戏珠”“双凤朝阳”“仙鹤祥云”“五蝠归真”“麒麟送书”“鱼跳龙门”“十八学士”“五

老祝寿”等戏剧故事、历史人物、动物浮雕，或深浮雕或浅浮雕，有的还是镂空浮雕，生动传神，栩栩如生。两侧石坊额枋前后均刻有“德配天地”“道冠古今”。

民国二十七年（1938年），云大附中搬迁到路南，楚图南、张光年等在文庙开展抗日民主宣传活动，许多进步教师和中共地下党员也在这里成立进步组织，广泛开展革命宣传活动。

“文化大革命”时，路南州文庙群遭到破坏，1967年文明坊、棂星门、泮池、魁星阁等建筑被毁无存，仅存大成殿五间、东西庑各七间，前殿七间、两耳各六间，及文昌宫等古建筑。

1986年维修大成殿。1995年维修大成门、东庑、西庑、大成殿及其附属建筑。现存大成殿、东庑、西庑、大成门、东耳、西

耳、文昌宫及题有“道观古今”的北偏门。

孔子晚年时期的最高理想是“大同”，在大同的世界里，天下的人，不止以自己的家人为亲，不止以自己的父母儿女为爱，而是相互敬爱，爱天下所有的人。老有所终，壮有所用，孩子们都能获得温暖与关怀，孤独的人与残疾者都有所依靠，男人各自有自己的事情，女人有满意的归宿。天下没有欺诈，没有盗贼，路不拾遗，夜不闭户，人人讲信修睦，选贤举能，大道之行，天下为公。

国运兴衰，关系文庙之昌隆；文庙昌隆，关系国运之兴衰。文庙一举，石林地区人文蔚起。明清时期，曾出八名进士、一百二十余名举人。邑人施龙光明时官至礼部侍郎，杨以成以忠义名垂青史。时至今日，石林文庙投射出来的人文光辉，依然激励着县内莘莘学子勤勉有为，纷纷升入北大、复旦、上海交大、北师大等名校深造，为石林的发展奠定了坚实的文化基础。

忠义仁勇——武庙

在这样一个平常的午后，居然不经意间在鹿阜街道办事处南门街一处不起眼之地，寻到了始建于清光绪十四年（1888 年）间的石林武庙。

武庙，全称武成王庙，又称武成庙、太公庙、太公尚父庙，中国当今武庙的前身就是武成王庙。武庙的崇拜最早流行于唐朝，始建于唐玄宗开元年间，追尊姜太公为武成王，并设立武成王庙，历代简称为武庙，以张

文庙大成殿御道石雕

❶ 庙宇盈寰中，姓名走妇孺

❷ 民族的精神认同

良为主祀，以十哲和古今六十四名将为从祀。宋朝时期，宋朝皇帝仍尊姜太公为武庙主神，并追谥姜太公为昭烈武成王，并增设古今七十二名将为从祀。元朝时期，元朝皇帝继续以姜太公为武庙主神，但从祀名将规模大减员，很多人都被剔除了，只以孙武子、张良、管仲、乐毅、诸葛亮以下十人为从祀。明朝初期，朱元璋废除姜太公的武庙祭祀，自此武庙信仰一度消失了三百年之久。

至明朝末期，开始追尊关羽为武庙的主神，设立关帝庙，胯下赤兔马，手挥青龙偃月刀。过五关斩六将的关羽成为庙中神圣，其地位可与孔圣人并肩，明末北京城内外关帝庙接近百所。明朝万历年间，关羽被明神宗封为“协天大帝”“义烈真君”“三界伏魔大帝神威远镇天尊”“关圣帝君”。关羽的忠、义、仁、勇得到历代皇帝的推崇，“学尊孔孟，志在春秋，固儒教之圣人也”。再至清朝时期，清康熙四年（1665年），尊关羽为夫子，与孔子并称。雍正八年（1730年），追封关羽为武圣，以关羽为主祀的关帝庙为武庙，与孔子的文庙并列，合称文武庙。但是关帝庙始终没有亚圣十哲和古今七十二名将从祀，只有关兴与周仓从祀在关羽左右。

到民国初年，关羽和岳飞都成为忠义神勇和文武双全的人物楷模，历代官方一贯倡导并被民间所广泛接受的忠义、尚武精神，在这两个历史人物身上得到了凝聚性与符号性的体现。民国陆海军部上袁世凯的呈文所云：“关壮缪翊赞昭烈，岳武穆独炳精忠。英风亮节，同炳寰区，实足代表吾民族英武壮烈之精神。”于是民国政府便开始推行“关岳合祀”的计划，在各地设立关岳庙，正位左祀关圣帝君（关羽），右祀岳武穆王（岳飞），并且以张飞、王浚、韩擒虎、李靖、苏定方、郭子仪、曹彬、韩世忠、旭烈兀、徐达、冯胜、戚继光等十二人左祀关羽，再以赵云、谢安、贺若弼、尉迟敬德、李光弼、王彦章、狄青、刘琦、郭侃、常遇春、蓝玉、周遇吉等十二人右祀岳飞，左右两厢各十二位神像均身眼北上以朝关岳，关岳庙一共有二十四位名将左右从祀，这一点完全模仿了唐朝的太公庙的规制。在这之后，关羽和岳飞同被尊为武圣，关岳庙也就成为民国之后的武庙。

石林武庙是一座土木结构建筑，为供祀关羽的庙宇。现存山门、息养亭、清风亭、关圣殿、演武厅等。在关圣殿的前右侧，有一个占地近三亩的莲花池。武庙门口两侧，两个高大的石狮子威武雄壮而憨态怡然。穿过石狮子，跨过高宽的门槛，才能进入武庙。甬道两侧古树参天，肃穆森然，百米外的关圣殿，红墙碧瓦，高耸啸傲。飞檐下，十多个古代名将的手绘画像，环檐卫戍，神态各异，威武庄严。关圣殿后的演武厅，台青阶高，规模虽略小于关圣殿，却也高门画栋，极显精致。在演武厅右后侧，一大簇三角梅攀墙越壁，璀璨烂漫。

关公文化的忠义、诚信精神，成为增加社会稳定的基石，《春秋》一书代表着民族精神，忠义二字团结了中华儿女。关公的信仰行为构成了统治者所提倡的伦理价值的楷模：忠孝节义、神勇武威、为国捐躯、生为人杰、死亦鬼雄。关公文化以“忠、义、仁、勇”为核心，本质上是一种道德崇拜，它植根于民族文化的土壤，融合了儒释道的伦理道德精神，有着鲜明的民族性。

后经几次翻来覆去的修建、改建、翻修、重修，大殿已见不到关圣的威仪岸然，周仓的黑面虬髯，也不见了关刀的金光闪闪。莲花池在20世纪90年代末被填埋，一度成了年轻人的溜冰场。古色古香的息养亭更是了无

❶武庙建筑
❷英风亮节

踪迹。80 年代后，政府拨款重修息养亭等建筑，对大殿、大门等建筑进行了修缮，随后又多次实施抢救性保护修缮。现存大门三间、大殿三间、后殿三间及息养亭等古建筑。

武庙建筑群宏伟古朴，环境幽静，对研究古建筑和祭祀文化有一定的价值，对研究石林县古代建筑艺术和民国时期民众教育发展历史也具有一定的价值。关公是汉蜀名将，初为汉民族所崇尚的忠义英雄，后其忠义精神为历代统治阶层所推崇，诚信精神被商界奉为经商信条，礼、仁、智为儒家尊为人伦典范，勇武为平民所敬仰，对关公共同的信仰增强了整个中华民族的认同感。

立碑壮举——遗臭碑

石头，持重、敦实而无言，一旦刻上文字，立刻被冠以铭刻诉说永恒，纵使历经千年风雨，依然历历在目，言之凿凿。

木作彩绘

武庙

石林县文化馆武庙后墙上，有石碑一块。立碑的日子是1944年1月10日。岁月轮流，天行有常，可石林县的那一天却极不平常。一块石碑，将民众受尽欺凌压抑之后淤积于心的积怨怒火，酣畅淋漓地爆发出来。

此碑名为“贪官许良安遗臭碑”。碑高1.71米、宽0.73米、厚0.11米，长方形，无碑额，白石灰石质。碑立起来的那一刻，劣迹斑斑、声名狼藉的路南县贪官许良安，被牢牢钉在历史的耻辱柱上。

碑文曰：

古无有为贪官立碑者，有之，自路南始，夫流芳遗臭，皆自人为，分道扬镳，亦各有别，其人而为流芳之，则碑从而芳也；其人而为遗臭也，则碑从而臭之。其碑同，其所以利民害民者则各异。路南县长许良安者，实我县空前绝后之贪官，去不有迹，何以惩前，臭既永遗，允堪毖后。该贪官自到任后巧取豪夺，恣意挟持，窒息民

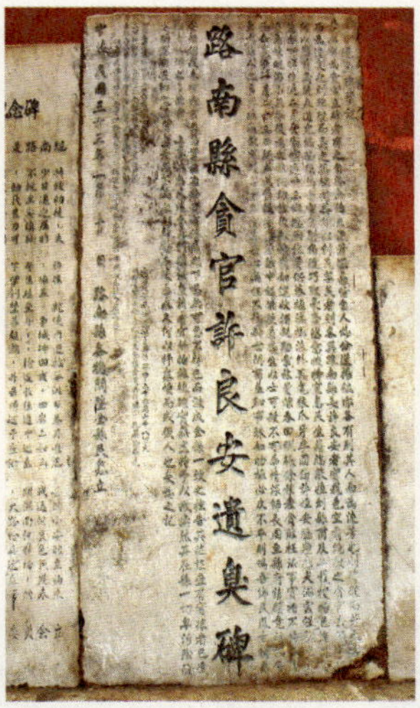

生，籍端敲磕。到县甫及半载，搜括已达数百万金。下乡流连二月，受害尽遍十三乡镇。除旅费供张极端摊派外，其虎狼爪牙李国钧、许恒安，驱膻鹰犬满云程、魏光祖、逐臭蚊蝇潘小巫等，复为之推波助浪，聚敛苛罚，如违收酒税、勒索旅费、鲸吞田赋碾余，种种贪赃枉法事实，指不胜屈。复于去岁十一月二十三日，亲率武装政警蹂躏县中，诬捕教员。学生以士可杀不可辱，情深师长，同至县府请愿，竟被杀伤至十余人之多。其摧残教育、杀害青年、实属丧心病狂，不复知世间有羞耻事。殊知，物极必反，不平则鸣。吾乡民风古朴，夙安耕作，从未有控官之恶习。兹迫于贪官淫威之下，忍无可忍，不得已而激成全县一致之控告。其赃证查有实据者，已达四十八件之多。兹幸上峰洞悉民隐，委员到县详查，该贪官所括赃款确实无虚，特予以撤换。然其在县一切卑污阴险劣迹，实有足以遗臭万年者，若不为之刊碑勒石，使垂永久，何以抒众愤而戒后人也。爰为之记。

声名狼藉

刻铭勒石，古往今来为的是记载垂名千古的重大事件，或为类拔萃之辈的丰功伟绩歌功颂德。而眼前此碑从设立之日

路南中学毕业照

起，却注定千夫所指，遗臭万年。十八行六百三十余字的碑文，记录了 1943 年路南县县长许良安镇压路南（今石林）中学师生爱国民主运动、贪污公款、残暴乡里的种种罪行。

抗战初期，为避免日本飞机的轰炸，云大附中于 1938 年 9 月从昆明疏散到路南，在文庙和原来的路南中学合署办学。积极的、奋发的、民主的、自觉的、社会的、现实的“附中精神”，也随着云大附中的到来和附中师生的言传身教，潜移默化地影响了石林人民，使原本封闭的社会风气逐渐开化，民主的思想逐渐深入人心。在此期间，李公朴、闻一多、楚图南、杨春洲等大批进步人士纷纷来到石林各地进行社会调查，教唱抗日救亡歌曲，发表进步演讲，并搜集整理了一批重要的彝族文化遗产。就在云大附中迁回昆明之前，也就是 1943 年的元旦，云大附中和路中的师生一起，用悲壮低沉、慷慨激昂的歌声，在云南第一次唱响了从延安传来的革命歌曲——《黄河大合唱》。此后不久，云大附中迁回昆明，民主进步的思想和革命的火种，却留在了路中，留在了石林人民的心里。和云大附中一起离开的，还有成立了石林公园建设委员会，并拟定了《石林公园初步建设计划》的县长罗人吉。

接替罗人吉担任县长的，正是墨江人许良安。1943 年 4 月，国民党党棍、军统特务，担任过龙绳武（龙云的大儿子）靖卫旅政治部主任的许良安，弃武从政，兴冲冲地踏上了石林的地。那时的石林，正是春暖花开的时节。春风得意的许良安万万没有想到，他将以这样的方式遗臭千古。

新官上任三把火。上任之后的许良安，并没有表现出要把前任制订的《石林公园初步建设计划》接着实施下去的兴致。他只用了两把火，就引发了石林民众的义愤和满腔怒火。第一把火是大肆搜敛钱财，极尽损公肥私之能事。他弃民族大义于不顾，侵吞抗战田赋，巧立名目违征酒税，甚至以下乡巡查为名，向全县十三乡征收旅费，而民众稍有反抗，即用手中的武装警察予以镇压。

1943 年是一个久旱无雨的年份，离县城仅五里的大乐台旧和东海子两村民众因干旱无法插秧，不得已将蒲家坝加高用以蓄水。5 月 13 日，许良安到蒲家坝“踏勘”，不问情由，立命挖坝五尺，于是与群众发生纠纷。次日，许良安派政警抓走了八名群众，经多方邀恳，保释四人，另外四人则受酷刑拷打，加镣，求乞之下，许县长厚颜无耻地索贿五万元方准保释，交钱后却又出尔反尔地拒不放人。

不到半年时间，许良安就以贪污、乱收费、乱罚款等手段将国币 150 余万元装进自己的腰包。这个数目，约为当时县财政收入的一半。

许良安的第二把火是打击民主进步力量。1943 年 11 月 23 日，许良安率政警闯入路中，撕毁学生墙报，抄查爱国书刊，抓捕进步教师刘桂武、张孝昌（共产党员），妄图一举推倒这座民主堡垒。看着心爱的老师被抓走，路中的师生被激怒了。他们结队尾随许良安，索要被抓教师。师生们一路走一路喊："路南县人民团结起来，打倒贪官许良安。"一路上歌声、口号声响彻夜空，震动了整个县城。群众闻讯赶来声援，人数瞬时增至近千人。国民党县党部书记见势不妙，偷偷溜走了。

许良安置群众呼声于不顾，将教师抓进县衙后，在县衙门口加岗加哨，派兵把守，并指使政警队长许恒安打伤学生 11 人。学生和群众被激怒了，拼死冲进县衙门，夺下许恒安手中武器，并痛殴许恒安。许良安见势不妙，借着夜色偷偷躲进防空洞。随后被群众揪出，并从其宿舍内查到了他的鸦片烟具和赌具。当夜，学生和上千名群众在县府内举行公审大会，控诉许良安纵容烟赌、贪赃枉法、贩卖壮丁、摧残教师，破坏教育等罪行。

那是一个寒冷的冬夜，但整个县城都沸腾了。

此后，在路中校长杨一波的主持下，人们及时往四乡宣传和赴昆明控告，使抗暴风潮迅速席卷全县，震惊省垣。伪省政府被迫于 12 月下令撤换了路南县长。许良安两次潜逃，均未得逞，后在深夜化装出逃，群众分两路追赶，许良安如丧家之犬，狼狈遁去。一个在民族危亡时刻明目张胆横征暴敛、大肆侵吞抗战田赋的贪官，竟然只是免职了事，人民怎能任他一跑了之？ 1944 年 1 月 10 日，由石林名儒李权之先生撰文，中国有史以来的第一块昭揭贪官污吏罪行的石碑"贪官许良安遗臭碑"立了起来！人可以逃跑，罪恶却不可解脱，遗臭碑将他牢牢锁定。

值得一提的是，1944 年春，著名学者、诗人闻一多先生来路南，听完路南的"倒许运动"及立"遗臭碑"的介绍后，闻先生称这次运动是路南的"小五四运动"。闻先生高度评价说：这是"值得赞扬的不朽业绩"，它得到的结果是"大长群众志气，大灭反动贪官威风"，"为路南这一名胜区增了光"。敢于群起而攻之，敢于对贪腐说

息养亭

“不”，并为贪官留下遗臭碑，路南人民以大义凛然的壮举，书写了反腐倡廉史上值得铭记的光辉一笔。

许良安万万没想到，他的一生只是他生命中的一个次要部分，他最重要的生命存在，竟然以这种特别的方式，夹杂着浊重陈腐的气息，在一块石碑的记载之中存留下来，遗臭万年。

该碑为研究石林爱国民主运动提供了重要的历史资料，是对广大干部群众进行廉政警示教育的生动教材。

流芳百世——去思碑

石林人民爱憎分明，有为贪官立遗臭碑的风骨，亦有为清官立去思碑的婉约。看见这块茕茕孑立的“去思碑”，犹如看见先贤于路南各境往返奔波，清廉之步独迈而悠悠。

在那个贪腐成风的年代，四川人陈先溶走马上任来到路南担任知州，他清贫、淳朴而兢兢业业，为官三年后于光绪十六年（1890 年）离任。在此期间，他勤政爱民，廉洁自守，身先士卒，带领路南百姓战胜了各种自然灾害，严厉打击匪患，大力整治社会治安秩序，确保了州境的安宁。先后筹划和筹资修复了文庙、武庙、魁阁等文物古

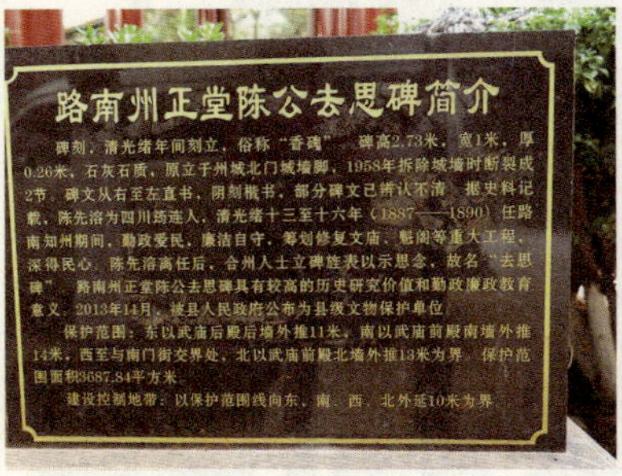

去思碑

迹，深得民心。

在那个世风日下的官场中，陈先溶孜孜不倦、廉洁奉公的形象，更加显得弥足珍贵。

陈先溶离任后，路南百姓自发树立起一块大石碑——“路南州正堂陈公去思碑”。这块石碑如此生动，如此抒情，同时兼有记录历史的功用。它是立体的、鲜活的、清新脱俗的，颂扬陈先溶的昭昭功德，深厚泽恩，表达民众的切切思念，感恩戴德。此碑简称“去思碑”，俗称“香碑”，高 2.73 米、宽 1 米、厚 0.26 米，长方形，无碑额，无文饰，石灰石质。碑文阴刻楷书，从右至左直书。这块碑的竖立，将民众对于清正廉明的赞许和肯定，对为官一任的评价与判定，旗帜鲜明地表达了出来。

百年以来，政权更迭，城郭变换，虽碑文模糊，碑身断残，却依然干净笃定，超脱永生。斯人虽已逝，恩泽弥留存。

“民心是杆秤”，“公道在人间”。如今的石林广为流传着这样一首诗“去思遗臭两块碑，石骨威严鉴是非。既表先人爱憎明，更教后人要学谁。”当官为什么？要在生后留下什么？流芳还是遗臭？仍旧是“去思碑”和“遗臭碑”留给后人的历史拷问。

天地玄黄——小乐台旧义学

日常的光影芳菲里，藏有多少古老的元素，等待着我们去相守。岁月的无常流逝中，有着多少文化的宁谧，期待着我们去珍惜。

小乐台旧村西这座坐东向西的四合院式建筑，用斑驳的日影和满墙的爬山虎，呈现出温婉蕴藉的祥和姿态。我听到了遥远的琅琅书声，“天地玄黄，宇宙洪荒。日月盈昃，辰宿列张……”我看到了康熙年间的读书郎，看到了鹿阜镇的义学启蒙教育。它站立在最幽暗处和最耀眼处，犹如一位先知，向晨曦、夜色、烛光、夜莺，做出最纯粹的承诺。那气息，是精神的食物，是保留的图腾，是珍贵的不朽。半开半闭的院门，窸窸窣窣走动的教书先生，院子里的桃花落了一地，门槛上尽是读书郎青涩的脚印。仰望这座斑驳的老建筑，炫目的光晕明暗交错成古诗词里的平平仄仄。

蒙学也指蒙馆，为启蒙的学塾，相当于现在的幼儿园或小学。“蒙学”这个词，最早出自清朝末年的孙诒让，是一个较晚才出现的词语，指一个特定层次的教育，是传统启蒙教育的

省称。接受启蒙教育的儿童称作童蒙，承担启蒙教育的老师，被称为塾师。传统的学塾，往往位于人烟稀少的穷乡僻壤，塾师因此有村学究、三家村夫子的谑称。学塾中的学生，小的四五岁，大的十多岁，正是好动顽皮的年龄，塾师也被戏称为猢狲王、孩子王。

清朝义学之设，系根据康熙四十一年（1702 年），“定义学小学之制”，及康熙五十一年（1712 年），“令各省府州县多立义学，聚集孤寒，延师教读”之规定而兴起。清康熙四十五年（1706 年），路南知州金廷献积极响应朝廷号召，踌躇满志地从乡绅、地主、族长、官宦处筹得一笔资金，加上地方官款、公益金、地租、

库银等，在鹿阜镇小乐台旧村西，主持建造了这座赫赫有名的义学书院。书院坐东向西，为四合院式建筑，造型独特，工艺精湛，由正房、南厢房、北厢房和前庭组成，占地四百五十平方米。正房为高台基单檐硬山顶，大梁上题有"特授澄江府路南州督府庙""署理澄江府路南州儒学正堂"的匾额。

时光荏苒，绵延至今，花开花落，书声依稀，当人们去故纸堆里找寻依据，去遗址中发掘证据时，恍然惊觉小乐台旧村义学是昆明地区现存规模最大的清代蒙学建筑。这样的发现不禁令人怦然心动，顿时使一幢平常的建筑变得温暖、细腻和隽永。遗迹总是在世人快要将其遗忘时，它依然存在。

沐浴在梦一般光影下的小乐台旧村义学，是一所地道的免费幼儿启蒙教育学校，招生对象为贫寒子弟，教育内容是识文断字、读书、作文、学算，并培养童蒙养成良好的日常生活习惯，能够具备基本的道德伦理规范，并且掌握一些中国基本文化的常识及一些日常生活的常识。学生年龄为六岁至十一岁，是一个基础教育蒙馆，全免费，从中可读出当年启蒙教育的细小秘密。

熟读诗书，参加科举考试，是自隋唐以来历代封建王朝选拔官吏的一种制度，读书是贫寒子弟通往上流社会的唯一途径。小乐台旧村义学的开设，为鹿阜镇的读书郎提供了人生第一道精神食粮，为他们开启了一扇看得见光明的窗，成为莘莘学子向人生理想攀登的最初一级台阶。

原鹿阜镇位于巴江中游，东接原维则乡，南接原板桥乡，西与宜良县狗街镇相邻，北与原路美邑乡接壤。南出二十三千米到珠江第一瀑布大叠水，向北八千米到天下第一奇观石林。鹿阜修筑城池的记载最早见于《元史·地理志》："唐昆州地，夷名路甸，天宝末年为'黑爨蛮落蒙所据，筑

等待人们去相守

城曰撒吕’。”元宪宗六年（1256年），设落蒙万户府，撒吕城即为落蒙万户府治所在地。至元十三年（1276年）改落蒙为路南州，州治也在撒吕城。明成化十三年（1477年），知州鲁厚于撒吕城西南鹿阜山麓建城楼四座，东建启明楼、南建迎薰楼、西建长庚楼、北建拱极楼，并修建州署于鹿阜山。弘治元年（1488年），知州龚浩始筑土城，周长四百四十余丈，高一丈多，并开挖护城堤一百五十余丈。嘉靖三十五年（1556年），在学地山西南麓修建文庙，主要建筑物有文明坊、泮池、棂星门、大成门、大成殿、崇圣殿。民国时期更名为鹿阜镇。

传统蒙学是中华优秀传统文化中的重要组成部分，教育中的用书，无论是用于教学的教材，还是一般的读本，统称作蒙书，也称为蒙养书、小儿书，也有像陆游那样，称作村书的。从牙牙学语时的《三字经》到埋头研究的《幼学琼林》，都是启蒙教育中最受关注的蒙书，其中蕴含着的人生哲理，既是孩童时期重要的精神食粮，也是人一生中人文道德修养的基础。蒙学常用的课本有《三字经》《百家姓》《千

字文》《千家诗》《昔时贤文》《幼学琼林》等。

作为昆明地区现存规模最大的清代蒙学建筑，小乐台旧村义学成为传统教育中的一个重要阶段，对研究昆明地区古代蒙学教育提供了较好的实物佐证，具有较高的历史、文化和艺术研究价值。

壮士壮志——独石山赵发扎营遗址

在维则村的记忆当中，在石林地区关于那个年代的故事当中，这个人的名字被清风传唱，被歌谣吟咏，被晃着摇篮的母亲向孩儿讲述，被拄着拐杖的耄耋老人反复演绎。很长时间以来，我都想亲访这座有故事的独石山，想寻找这个人与这座山的密切关系。山与人的紧密连接，将我带到遥远的时空，心绪被编织进历史的经纬脉络当中。

独石山

仰望，独石山一如当年那般陡峭奇险，挺拔傲然，巍然中泛着苍翠，葱茏中带着寒意。远处的长湖状若卧蚕，又似新月，深深藏于密林当中，这样的湖水是既有情又有意的。我拨开杂草，绕过荆棘，沿着崎岖小道朝上攀登，去寻找那个人的踪迹。

高逾百米的山峰险峻而嶙峋，几棵高耸入云的古树撑起半壁江山，高山栎、云南油杉、柏树高大挺拔，华盖绵延，野樱桃、柳杉荫翳遮天，棠梨树、黑杨柳潇潇摇曳。沿途还有无数毛茸茸的温暖植被，小红椿、刺果藤、球兰、紫茎泽兰、钩藤、野杜鹃、芸果。大青石垒筑的拱门赫然立于眼前，这是赵发的山门。石头采自附近的大山，高阔大气的拱顶凛然为一个饱满的圆弧，拱顶上方的墙垛等距地威立着，石上的凿凿印痕尚未被风雨霜雪侵蚀磨平。一级级石阶历经百年踩踏之后，沧桑而粗粝。我顺着长满苔藓的石阶缓缓

而上，穿过石拱门，就进入了赵发安营扎寨的营地。

他为何选择了独石山，为何在这高耸之处安营扎寨？因为奇峰险峻的独石山易守难攻，因为山下就是那片生他养育他的大地，还是因为想让这座山峰历经血雨腥风以后，将他的梦想延续下去？嶙峋的岩石镂刻下扎营时期的每一场刀光剑影，稠密的树林摇曳着每个清晨和黄昏的瑟瑟风声，还有士兵们磨刀霍霍的嚓嚓声。

石头砌筑的城墙坚不可摧，挡住奇峰险崖的唯一入口。绕过城墙之后，来到山巅一片平整开阔之地，赵发的大本营即驻扎于此。地上依然存有当年建造石营的石基和石脚，残垣的斑斑痕迹弥留在山地之上，已被苔藓、灌木和不知名的野花野草盘亘占据。石水井依在，这是依托岩崖、山势再加以人工垒砌建造出来的一个蓄水池，是全部人马在山上的供水保障。如今只残留半池雨水，飘满落叶枯枝。

清朝咸丰年间，人民不堪忍受清王朝沉重的阶级压迫和民族压迫，席卷全国的太平天国农民起义，给清政府带来沉重的打击。一时间，全国上下，各地农民纷纷举起起义大旗，反抗清政府的压迫，云南也不例外。当时的石林，虽然风景优美奇石林立，但奇特的喀斯特地貌却不能给老百姓带来财富。土地贫瘠，水土流失严重，庄稼严重歉收，清政府的剥削和压迫让人民民不聊生，民族矛盾进一步激化。咸丰七年（1857 年）的一个晚上，石林深处的一个溶洞里弥漫着无比紧张的气氛，四个身着彝族撒尼人服装的青年，围着篝火兴奋地讨论着，何光、赵发、杨辉南、李文兴，正在酝酿一个重要的计划，要响应太平天国起义，揭竿而起，反抗清政府的统治。这里是位于石林县和弥勒县（县弥勒市）交界处的麟马洞村风口坡，根据摩崖文字记载，赵发的起义军就是从这个地方出发的。

来自昆明、呈贡、宜良、晋宁等地的彝族青年从四面八方赶到了麟马洞村。当天晚上，赵发一声令下，这支由彝族

❶ 见证历史沧桑

❷ 将军雄略妇孺知

❸ 赵发扎营遗址——维修后的石板路

农民组成的起义军，趁着夜色开始攻打路南州。在石林一个叫舍色的地方，赵发的部队和扫荡的清兵遭遇，清兵被彝民起义军痛歼，死伤三百余人。在随后的战斗中，起义军不仅攻打下了邻县宜良，起义的烽火差点还烧到了昆明。那是一个血雨腥风的时期，赵发部队与当地清军进行了一场场英勇的战斗，先后攻下板桥、县城等重镇，打击撼动了清政府在路南的统治。不断壮大的起义军引起了清政府的高度警惕，清咸丰十年（1860 年），恼羞成怒的清政府调集了大量清兵，对赵发的起义军进行反扑。重兵围歼之下，起义军寡不敌众，首领杨辉南、李文兴先后战死。由于在人数和武器装备上都处于劣势，起义军撤退到石林，凭借鬼斧神工的天然地势，又和清政府进行了多年的周旋。今天的石林景区，依然还保留着赵发当年藏身的石洞、石床。在石床的上头，一片熏黑的岩石是每次赵发率部队出发前烧香膜拜祈祷打胜仗的地方。两年后，赵发带领幸存的部下退至独石山，借险扎营。而糯黑村是赵发长期和清军抗衡的大后方，一旦独石山失守，他就会撤退到糯黑村继续和清兵抗衡。他们依托独石山的险要地形建营盘，筑石城，

赵发扎营遗址——维修后的前门

赵发扎营遗址——维修后的门

作为起义军总部继续与清军战斗。但是，由于失去了太平天国的呼应，终究敌不过清兵的大军压境和封锁围剿，弹尽粮绝之后被迫接受招安。和大多数农民起义一样，这场轰轰烈烈的彝族农民起义最终也以失败告终。

“独石山上树将旗，将军莫名妇孺知。我来已历沧海劫，犹傍斜阳觅古碑。”著名历史学家吴晗先生满怀敬佩与悲怆，在马背上写下这样的诗句，永远刻留在赵发残留的石营断崖之上。

如今，寨门犹在，哨台犹在，火药槽犹在，凝神静望，当年严阵以待血洒疆场的肝胆义气亦犹在。演武厅、兵库与火药槽的存在，演绎着那一段众志成城义薄云天的如虹气势。石水井、石监狱、水牢等遗址依然栩栩如生，成为往昔岁月的历史见证。

历经血雨腥风之后，唯有石城墙依然屹在苍翠密林掩映的独石山巅，用每一道石纹肌理，铭记那段历史，用每一个粗粝棱角，转载岁月沧桑。

该遗址是清代路南彝族人民反抗清朝封建统治的历史见证，对研究清代滇东南农民起义提供了重要的文物资料。

置身天外　杳渺震撼

神奇崖画置身天地之外，不羡红尘浩浩。嶙峋地埂自南宋时光一直蜿蜒至今，把内核埋藏在厚重泥土里，若干年之后开枝散叶终成华盖。几十万年的光阴尘土将白石岭原始人的生活痕迹深深掩埋，终迎来重见天空的神奇时刻。

古长城之谜——鞑子尔

盘亘于马龙县、陆良县、石林县和弥勒县（今弥勒市）的崇山峻岭，山高谷深，气象变幻无常，千年古树或深入尘埃编织根系秘史，或凌驾苍宇列造恢恢天网。喀斯特地貌的鬼斧神工，让石芽、石柱、石门、石峰遍布于石林各地，千奇百怪的轮廓复杂而凛冽，时而云遮雾罩，时而峥嵘显露。在崇山峻岭起伏荡漾的深处，有断断续续绵延几百千米的石埂，以祥和而神秘的姿态，与“五尺道”“西南丝绸之路”的许多段遗迹相伴而生。

这些嶙峋怪石构筑起来的地埂，自南宋的时光里一直蜿蜒至今，它们蕴含着什么？又演绎着什么？是西南丝绸之路的传奇故事？是东爨三十七部将十万蒙古铁骑埋葬在滇东高原的强悍？是以乌蛮为主体的自杞国的鼎盛一时？还是一段湮灭历史的拼贴与还原？冥冥之中的它在等待着、期盼着，某段神秘文明被无数次探寻追踪，一段难以言喻的旅程将开始于斯。

石林县境内的地埂，由小圭龙入境，至路星村的马鞍山、天生桥、天生洞到天生关、观音洞，再经北小村的莫舍组、李家大山，洗马塘、水塘铺的老鼠尾巴坡、老回山后，老横山至大老挖的维独、狗石子山、双石头，至尾博邑的哥达坡、羊叫山，过上铺草村的石黄牛山、冒水洞、蓑衣山以西入弥勒县境。这条古地埂在石林县经过曲曲折折的起伏，蜿蜒铺陈于喀斯特的乱石山岭，全程不下五十千米，自古已有之。自明万历以来，云南地方志和路南地方志里屡有记载，且在20世纪80年代进行文物普查时，路南文物工作者曾做过实地考察。

这条地埂，彝族人称为“鞑子尔”。“鞑”为埂，“子”为界，“尔”为城。“鞑子尔”即为“鞑子城”，意为夯土或垒石之界埂，或界墙，或为界之城墙埂。它全部用自然石或就地取材粗加工的石块堆筑而成，没有文化包涵物，没有层理，没有夯窝。高、宽基本统一，顶部宽2~4米，高1.5~2米，石块全系天然，无任何人工加工痕迹。这些地埂的分布极有规律，土石结合，立面统一，皆向四方。由于当地彝语方言各异，对这条地界埂也有称为“底伯卢”或“格鞑波”，但其意仍为“用石头堆起来的界埂”。当地彝语中的这种含意，正好与云南地方志的记载相吻合：明万历《云南通志》卷三载路南州古迹时云：“鞑子城，在州东三十里，夷语曰底伯卢，其城起自曲靖，抵于广西，绵延三百里。昔酋长兄弟筑此，以分地界。”

漫步在石林县境内，石林街道办事处天生关村南观音洞，水塘铺东，老挖村西至尾博邑村东南的山林间，上铺草村东等地，都惊现这神秘的石埂。其中天生关村南的观音洞，围绕着落水洞的一段石埂，依地形蜿蜒曲折，呈现为弧形，处于观音洞北上方的岩顶。这条石埂为泥石混合堆积，是古早时期的村民耕地时捡出的石块堆积而成？还是部落建划分地盘时堆垒而成的？石埂顶部宽2~4米、高1.5~2米，石块全系天然，无任

何人工加工痕迹。从石埂断面观察，没有任何人工砌筑和夯筑的痕迹。如今它们纯系地埂，有些段被用作田间道路。

茂舍祖村西北约 3 千米处，又发现长约 20 米的一段，顶宽 1.6 米，水塘铺与哑巴山交界处，长 200 余米、高 0.5~1 米，各段之间并不相互连接。

水塘铺东、老挖村西至尾博邑村东南的山林间，亦有断断续续分布的石埂，如不仔细考察，很难与周围地形区分开来。石埂有的纯系天然岩石，有的为泥石混杂，也有的系天然石块随意堆积而成，上铺草村东所有石埂的堆积情况与堆积方式与其他地点大同小异。没有发现任何人工夯筑和砌筑的痕迹，也没有发现在石块之间有任何黏合材料。

山村前后山上的松林中，从山腰至山肩部的较为平缓的地段，也分布有石埂和石堆，形状、大小、长短不一，堆垒高低各异。一般长 3~5 米，有的可达 20 余米，自下而上有 10 余级之多，互不连接，数量达数 10 条之多。这些石埂、石堆与其周围的山体并不相连接，是一个个单独的点，各点之间毫无联系。

除观音塘与现代村子较近以外，其余石埂均在人迹罕至的荒郊野外，人类行为对其进行的破坏性极小，自然的风化和雨水冲刷对其的作用甚微。各地的石埂均不互相连接，堆积相当低矮，所处的地势平缓，不具备军事防御功能。喀斯特地貌的山上长满灌木丛，

它在冥冥之中等待着什么

周围山坳间尚有类似石埂分布，平台较宽的现已被辟为耕地，石埂作为地埂。坡地陡峭处，石埂用于防止水土流失，起固土作用。长短不一、高低不一的石埂为村民开垦耕地和拦阻牲畜，有些成为开垦田地和村民为储存稻草而辟的石埂。

水塘铺村至上蒲草村之间，有断断续续、绵延数十千米的石埂分布，所处地势相对比较低矮和平坦。这一区域的石埂，正是李元阳的万历《云南通志》载的“鞑子城，在州东三十里，夷语‘底伯卢’，其城起自曲靖，抵于广西，绵延三百余里，昔酋长弟兄筑此以分地界”。“底伯卢”，彝语的意思是：“用石头垒起来的长埂子”。

石埂、石堆的分布范围之广，并不仅仅限于曲靖至弥勒一线，石埂和石堆是滇东高原喀斯特地貌的一种较为常见的现象，没有城堡、墩台、关门、敌台、敌楼、城墙等所组成的防御工程体系。

滇东地区所发现的石埂、石堆的年代早晚各不相同，其中最早的可以早到元代。石林县的水塘铺—上蒲草的石埂，据明代万历《云南通志》的记载：“鞑子城，在州东三十里，夷语‘底伯卢’。”据此，

可能为元代所建。弥勒金子硐坡的石埂，即引山洪的水沟埂，距今约一百年的时间，因为当地居民迁居至此的时间大约在清末。至于其他的石埂、石堆，可能与人口的大量增加和大规模的垦殖有关，早的可能到明代，因为明朝中央政府广迁内地的汉族移居云南垦殖，数量不少。还有的石埂、石堆为近代和当代所筑。由于缺乏明确的人工遗物，对这些石埂、石堆的断代有相当的困难。

自汉唐以来，滇东地区没有长时期、大规模的民族对立和民族战争。即便是在比较混乱的（魏晋时期）爨氏（南中大姓）和南诏国的三十七部时期，各部之间虽有一些小的摩擦和械斗，但没有发生大规模的民族冲突。另外，云南的民族械斗和冲突大多为抢夺财物，和中原地区的攻城略地有显著的不同。因而，在滇东地区没有必要修筑防御工事来抵御外来的侵略。

滇东地区为山区，居住着众多的民族，建造这些石埂、石堆的民族也各不相同，其中，石林县水塘铺—上蒲草的石埂，为彝族先民所建。这些石埂和石堆，实际上是当地民众为了生产和生活的需要，而对环境进行的改造，不具备军事防御的功能。

一道深藏之谜终被解开，内心萦绕着久久舒坦的情绪。

❶ 自南宋蜿蜒至今

❷ 千奇百怪的轮廓复杂而凛冽

横空出世——白石岭旧石器遗址

来到石林县城东南方的板桥街道，我独自站立于山巅，眺望东面的长湖和远方的弥勒市。转身朝西是宜良县竹山乡，一望无际的水稻田青烟朦胧犹如幻境。我思量着几十万年前生活在这里的原始人类，思量着那些钻木取火、茹毛饮血的缥缈恍惚，有种隔世之美。

白石岭位于板桥羊脚迹村北侧，几千万年前以水的姿态缔造出一个浩瀚巨大的湖泊，湖中生存着古老的、种类繁多的动植物。一百万年前，白石岭开始逐渐下沉、下沉，最终变为巨大的盆地，敞开胸怀接纳来自天地万物的堆积物。一群原始人来到这里，步入这片辽阔的盆地，开启他们的生活、劳动与繁衍。这是一群勤劳而聪明的原始人，自信、

张扬，无拘无束，擅长在日常劳动当中不断用思考的触角寻找提高狩猎、宰杀、烹饪效率的方法，在各种尝试当中不断学习着制造术。当电光火石的闪念为他们的感官和想象注入震撼时，灵气逼人的大智慧降临了，一种划时代的尖状石器和半月形刮削石器横空出世。这种制造工具的方法注定是那个时代最高超、最复杂的生存技能，他们以这项高超的技能驰骋世界，成为那个时代最高级的物种。遥远的欧洲人种在此后的几十万年，才将这种石器技术流行为莫斯特文化。

几十万年的光阴尘土将白石岭原始人的生活痕迹深深掩埋。然而，宝藏埋藏得再深，都终有重见天日的神奇时刻。1961 年 1 月，中国科学院古脊椎动物与古人类研究所的周明镇、裴文中等专家来到白石岭勘测，一批尖状器与刮削器赫然显现于眼前。同年 3 月，古脊椎动物与古人类研究所的李炎贤又在此发现了燧石石片。1984 年 2 月，中科院古脊椎动物与古人类研究所的卫奇、黄慰文在该地又发现新的尖状器、刮削器等旧石器。2005 年 1 月，中科

半月形刮削石器

院古脊椎动物与古人类研究所的黄慰文教授、省考古研究所古人类研究部吉学平等专家，在该地再次采集到旧石器石核2件，它们毫无例外具备了欧洲旧石器中期莫斯特文化的技术风格。

这种石器和欧洲人在距今12万年到4万年之间流行使用的工具，同是一种被命名为“莫斯特文化”的工具类型，但是云南的老祖宗们使用这种工具的时期，竟然比欧洲人早了六七十万年。这些智慧的先人们一直生长繁衍在此，劳动、生活在这片花香草香的光明世界。它们用强健的四肢奔跑，用自制的工具狩猎，用刮削器丰富自己的食物，在这座枝须弥漫的乐园留下繁茂的生活印痕。

考古专家在白石岭现场捡到不少古人们用过的小型石器，这些遗物和最早在此发现的星月形刮削器同属一个时期，都出自砖红壤化阶地。专家们推演出，这里是目前云南已知的最早的旧石器时代。对已知的云南史前遗址来说，是仅次于距今170万年的元谋遗址的老二，为研究人类起源以及和欧洲的文化交流提供了重要证据。

在那个遥远的时期，世界是怎样演绎进化的？最早的人类是否来自云南？欧洲和云南是否在很早以前就开始了文化交流？考古学家们正在逐一揭晓这些谜一样的问题。

莫斯特文化类型旧石器石核

想象与愿望——彝族崖画

巍巍石峰藤葛相缠，仙人指路野花恣放。我漫步在鬼斧神工的石林丛中，以最无尘的视角去观摩那些来自远古的崖画。吹面不寒的微风萦绕身畔，真愿意一直这样走下去，峥嵘嶙峋的石峰经历岁月后仍然宁静地俯瞰大地，犹如心境经历几番红尘颠簸之后豁然顿悟。

岩石是源于天地造化圣物，从远古时代起就被人类使用着，除了作为劳动工具与日常用品，它还成为世界上最早的绘画材料。古人将他们的想象和愿望磨刻和涂画在岩石上，同时描绘着日常所经历的生活。崖画中的各种图像，以独特的表现与记录形式，构成了文字发明以前最早的文献。崖画不仅涉及原始人类的经济、社会和生活，还作为人类独有的精神产品，以艺术语言深入人心，传承文明。

生活在石林的古人们创造了独属于他们的崖画，大多处于丛林石壁上，刻画于直立、连座的石壁上，高约二十米。他们用橘黄色作为画面底板，用紫红石粉与动物血或植物汁调和成绘制颜料，或采用赭红色颜料绘画。这些图案丰富而多彩，包括人物、动物、星月画、狩猎图、战争场面、杂耍，还有祭祀活动、舞蹈、女阴图、星月、甲形图、牛马、磬等等。这些崖画的发现，顿时将自然石林的人文内涵提升到一个高度之上，对研究石林近现代史和彝族原始宗教提供了丰富的实物资料，具有极高的历史、艺术和科学研究价值。

我看见一幅处于石柱底部的精美崖画，距地面高一米左右，位置隐蔽得几乎难以发现。画是雕琢上去的，痕迹清晰而深刻，不知原本就没有涂上颜色，还是颜色被岁月的磨砺消褪殆尽。画像是一只双翅展开的燕子正在飞翔，雕刻技法原始而古拙，却丝毫不影响这只东汉时期的燕子穿越天空缓缓飞翔到我的视

线里。

很多崖画是一些互不关联的个别图像，一个个图形的重叠，没有近大远小的透视关系。古人在这块岩石上采用了垂直投影画法，视线与对象最富特征的面保持垂直，追求的是物体的正面显示。绘制这幅崖画的古人在塑造平面图形时，很善于抓住物象的基本形状，没有细节刻画，人物不画五官，物体的结构简化到不能再简的程度。狩猎图表现的动物既是被猎杀的对象，又是受敬畏的对象，诠释出创作者对动物与人类之间关系的思考。

善于抓住物象的基本形

我退后几步，眯起眼睛去看这些粗制的图形，感受到的是无比活跃的生命力。画作者描绘出生活的真实，动物形象尤为生动。色彩的深浅交替，使图像产生一种跃动的感觉，这是远古时代的高超艺术，对生活敏锐的观察力，和粗犷的艺术手法浑然一体地结合在一起，绵延几千年之后仍然具有生命力。

这些崖画在构思上天真纯朴，使用了最简单的平面造型方法，一如人类童年时代某种幼稚的想象和美好的愿望。它们是描绘在崖石上的史书，珍贵无比。中国历代的书籍，往往只记载帝王的生活情况，很少反映普通人民的日常生活。在这些崖画当中，却可以清晰看到反映社会生产的狩猎、放牧、农业，反映宗教信仰的祖先崇拜、祭祀仪式，反映日常生活的村落、舞蹈。崖画中的人面像题材，揭示了古人的宗教意识，那些奇异的形象，反映了一个我所不了解的精神世界。

我看见一些几何图形组成的抽象符号，以抽象的形式表达

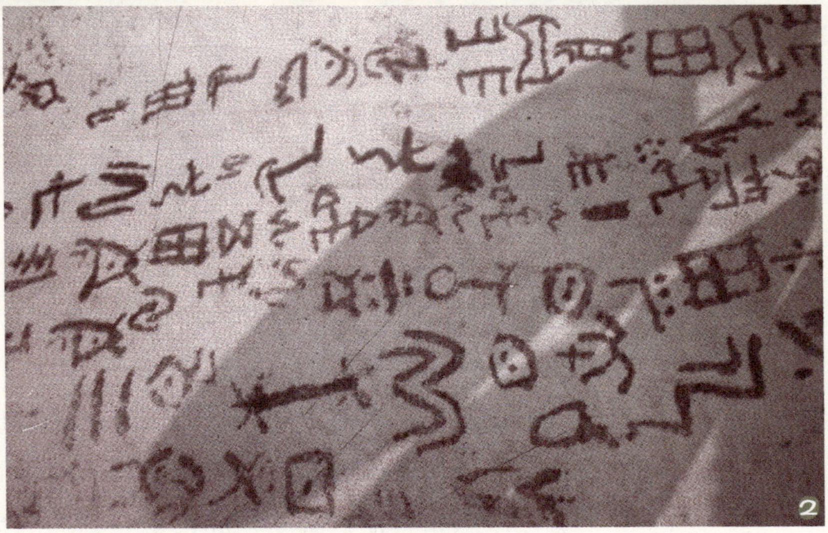

着某种思想，或记载着某些事件。在众多的符号图形中，有的图形比较容易理解，如太阳符号、手印符号、脚印符号。凝望它们时，心绪回到遥远的古代，以审美、以情趣、以情怀，与古人相互应和、相互呼应。

❶时光之诗

❷崖画

崖画的艺术风格在制作手法上大体分为刻、绘两种，石林崖画大都以红色涂绘，颜料内含较多的铁质。古人很早就知晓

赭红色颜料崖画

以赤铁矿粉调和牛血等调和料能够让色彩稳定，经久不变。有些图案是用手指蘸着颜料绘制的，有些较大的图形是使用羽毛或其他工具涂刷的。所有崖画的表现手法都古拙独特，画人物都不表现五官，只通过四肢位置以表现动作、体态和感情，画动物亦仅重点刻画出角、尾、耳等特征部位，但一眼就可辨认出是何种动物。

不同种类的艺术，虽然都是精神的产品，都是当时人们审美观念的体现，但各自要有一个界定过的具体内容，也要有一种与其他艺术不同的专门表现形式。崖画就是一种与其他艺术不同表现形式的特殊艺术。它虽然是平面的，只有两度空间，但与其所凭借的石壁联系起来看，却是立体的，具有三度空间的。刻在深褐色的岩石上，崖画的纹路

和岩石的色彩既一致又有微妙的变化，斑驳、稚拙、粗犷、简洁、浑然而多变。

崖画是介于绘画和雕刻之间的艺术，因此它具有绘画和雕刻的双重特点，比较全面地反映了当时经济生活的各个方面。除描绘动物、狩猎外，还表现采集、房屋、村落、宗教仪式等。中期图像与彝族原始宗教有关，反映了石林彝族撒尼人的原始崇拜、古代生产、生活、祭祀场景。画中的类人面像与各地出土的彩陶、陶塑和骨雕中的类人面像得以相互印证，从总体特征上可分列出它们相似的轮廓类型、相似的年代，又从相似的特征中考证人类远古文化的滋生、衍化过程及制作原始艺术品的文化动机。

历史的长河一瞬间被缩短了距离。

经纬梳理——石林历史脉络

顺着历史流淌过的脉络，梳理一番石林。这是一座历史悠久的城池，中国古脊椎动物与人类研究专家在这里发现旧石器文化遗址，春秋战国时期的青铜器在这里出土。路南与滇池地区的古滇人一道创造出了辉煌的青铜器文化，社会也随之步入了有阶级的部落奴隶制社会。

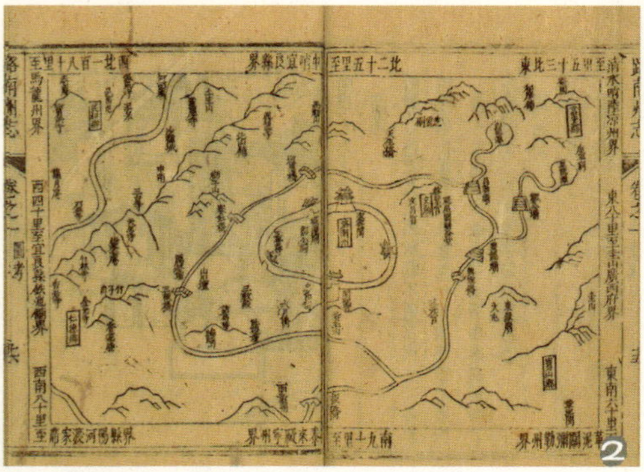

❶ 自然之诗

❷ 历史印痕

石林县古称谈稿县，自西汉置县至今已有两千多年的历史，但人类在此生息繁衍的历史却要早得多。境内板桥、鹿阜、西街口等乡镇发现的旧、新石器文化遗址，被中国古代脊椎动物与古人类研究所的专家们认为，迄今约七千年前，石林已散居着大大小小的原始氏族部落。境内板桥、圭山、维则、西街口等地出土的青铜器证明，在春秋战国时期，石林先民们已在此聚邑，并运用较先进的技术进行狩猎和农耕。

秦代以后，汉文化被中原移民不断传到祖国西南边疆，促进了当地经济、文化的发展。汉元鼎六年（前111年），汉武帝在路南设立谈稿县，距今已有两千多年的历史。南昭、大理国时期，世代生活在路南的落蒙部得到发展壮大，成为三十七部中的强大力量。元初置为落蒙万户府，

❶ 自然的雕刻

❷ 自然幻境

其辖地达弥勒、陆良、师宗等地。元至元十三年（1276年），元政府借设立云南行省调整政区之机，将落蒙万户府削弱为州，并命名为路南州，下辖邑市、弥沙二县，隶属于澄江路。元至元二十四年（1287年），并弥沙入邑市县，路南州领邑市县。明因元制，仍设路南州，隶属于澄江府。明弘治三年（1490年）废邑市县入路南州，清代仍袭明制。

民国二年（1913年）废州设县，始称路南县。先隶滇中道，后废道隶于省，民国三十七年（1948年）又隶于第三行政

督察专员公署。1950 年属宜良专区。1954 年属曲靖专区。1956 年成立路南彝族自治县，至 1958 年被裁并入宜良，1964 年始恢复路南彝族自治县建制，仍隶属于曲靖专区。1984 年路南彝族自治县划归昆明市管辖。1998 年 10 月 8 日，经国务院批准，将路南彝族自治县更名为石林彝族自治县。

文化韵

SHILIN

石林

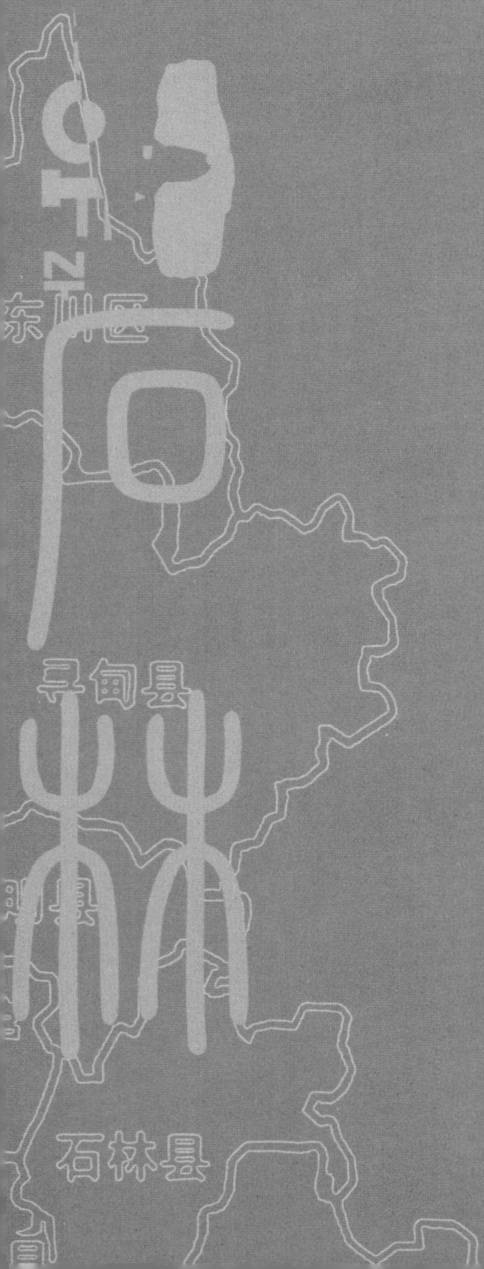

第二章
至美的人间秘境

这片土地是原梦的滥觞、是漂泊的哲学，每一帧图像都没有时间的限制，却是一生必须要去的地方。我在对人间秘境的无边寻觅中，重新体验那些斑斓的辉煌。灵魂深处一直拥有的乡土游憩与灵魂自由，从未间断。

一生必须要去的地方

造物主的奇思妙想造就地质风貌的蛮荒与狂放，长湖每一滴水珠拥有前世注定的规则，石头寨造就出奇幻的石头世界，桥的遇合知晓一场漫长的相逢在前方等待。在静谧且不受打扰的仙境里，所有生灵都沉浸在柔和的喜悦里。

地球奇观——大小石林

石林风景名胜区位于云南省昆明市石林彝族自治县境内，距省会昆明 78 千米。这里四季如春、气候宜人、物产丰富，全年适于旅游，是观光度假、避寒消暑的上佳之地。石林喀斯特地质景观类型多样，面积广大，熔岩发育独特，地质演化复杂，科教价值、美学价值极高，享有“世界喀斯特的精华”“天下第一奇观”“造型地貌天然博物馆”的美誉。景区先后荣获“世界地质公园”“国家级风景名胜区”“国家 AAAAA 级旅游景区”“全国文明风景旅游区”等荣誉称号，并于 2007 年作为“中国南方喀斯特”的重要组成部分，成功录入“世界自然遗产”名录。

石林在自然景观上融雄、奇、险、秀、幽、奥、旷为一体，奇山怪石，惟妙惟肖，气势恢宏，令人惊叹；石林风景区为最负盛名的核心景区，由大石林、小石林、万年灵芝、李子园箐、步哨山五个片区组成。石林风景区为纯灰岩剑状喀斯特的典型集中区，岩石

主体是呈浅灰色的纯灰岩及茅口组白云质灰岩，大石林、小石林、步哨山、李子园箐和万年灵芝五个片区内分布着剑状、柱状、塔状、蘑菇状、平衡状及不规则状的各种石峰。大石林由密集的青灰色石峰组成，石峰直立突兀，陡峭险峻，高大刚硬，线条顺畅，最高大的独立岩柱高度超过 40 米。有“莲花峰”“剑峰池”“象距石台”“凤凰梳翅”等典型景点。最著名的当数龙云题词“石林”之处的“石林胜境”。

在小石林中，疏朗秀美的石峰中静静伫立着美丽妩媚的阿诗玛，野性的石林在这里变化出园林之神，锋利的岩石与浓密的绿色相依，精美细腻得让人沉醉。

步哨山为石林景区海拔最高处，区内多柱状石林。登高远望，林海松涛，柱石参差；漫步山间，石林卓越，剑峰罗列。有“步哨五石门”“步哨松涛”等独特景观。景点中有海洋生物化石，记录着 2.7 亿年前石林地区生机勃发的海底世界。

李子园箐，方圆数十里的荒山野丘上，布满了奇柱异石，聚散起伏，古拙苍茫。丛林石壁上有彝族先民留下的古崖画，奔放

粗犷的人、兽、星、月图像，闪现出原始的神秘之光。

万年灵芝，高大的灰色蘑菇状和塔状石峰连片分布，蔚为壮观。紧邻李子园箐的比目潭旁，石山顶上有一座高约 15 米的石峰，上大下小，犹如一朵巨大的灵芝，因而得名。夕阳西下，立于灵芝山顶，颇有“一览众山小”的惬意之感。

一石破天动四方。我喜欢用这句诗来形容石林。

伫立在这片世界之最的奇迹面前，我仿佛听见盛唐之世嘚嘚的马蹄声。这座充满生命力度的乐园，密集而诗性地汇聚成一幅幅幻象，让每一个慕名而来的人，找到另外一种表达情感的出口。

宛如一曲辉煌交响曲的前奏，石林湖是进入石林胜景的前序。出水观音安静地矗立在如梦似幻的湖面上，水声欸乃，花香千里，散发着幽幽的清冷气息。微澜中，擎天石柱和倒影共同构成一幅完美的画面，这画面无数次出现在大师的画面里，出现在风光杂志的

阿诗玛的故乡——石林

封面上，张扬着一种魔法，一股吸引力，全世界的人为此趋之若鹜。

1955年4月，敬爱的周恩来总理参加万隆会议返回途中和陈毅元帅一同到石林景区游览，面对石林壮美绝伦的喀斯特地貌景观颇为赞叹，并指示："石林很好，要保护好石林，建设好。"在游经出水观音一景时，看到这里的石柱石山很漂亮但周围洼地里只有很少的水时说道："有山要有水，有水就更美了！"听了总理的建议，人们就把原来的溶蚀洼地进行了人工改造，使原来一个小小溶蚀水池变成了今天美丽的石林湖（又称恩来湖）。恩来湖位于距离景区正大门约80米远的石林湖桥下，水域面积数十亩。桥面与水面的垂直高度5米左右，水深1.5米至2米。平静而湛蓝的湖水中石簇擎天，恰似天然的水中大盆景，成为游客进入石林景区驻足观

赏的第一道亮丽风景。

作为世界上唯一的处于亚热带高原地区的剑状喀斯特地质地貌奇观，石林被列为地球“八大自然景观”，与长江三峡、桂林山水和吉林雾凇并称为中国四大自然景观。于民国二十年（1931 年）建园，经过多年的建设和发展，现已成为中国南方喀斯特世界自然遗产、首批世界地质公园、国家级重点风景名胜区、AAAAA 级旅游景区、国家地质公园。

狮子池幻化为一种意向，一份情趣，池边的大狮子照看着池中几只嬉闹的小狮子，而整座山是一只大狮子守护着石林秘

境，一幅绵密的景致在眼前舒展开来。登上狮子亭，海拔1700多米，朝南，指点石海惊涛，苍茫浩瀚的大石林瞬间奔来眼底；向东，俯视湖光山色，烟波浩渺的石林湖一览无余。

随着时间、光线、角度的不断变化，石林景观呈现出不同的面貌，与脑海中、记忆中各式各样的想象交相重叠，彼此吻合，互为贴切。

两头小水牛嬉戏于池塘里，脊背时隐时现，朴素的、宁谧的田园情趣，尽涵青牛戏水间。绕过巍峨雄壮的石屏风，穿过香气清幽的桂花林，有梅花对烛的依稀，有孤鹤晚归的清朗，有高古的清雅，有冷霜的泠泠，一寸寸一缕缕浸入眼帘。石柱越来越高耸，气魄越来越宏大，步入无数巨石擎天立地之境，便到了闻名世界的石林胜境。

❶ 剑气凌云
❷ 灵魂的自由
❸ 地质之奇境

摩崖石刻飞天，青石小道通幽，书生清秀儒雅，和尚潇洒不羁，百兽随处可见，青藤石峰缠绕。游仙访道，杳然无踪，猛一抬头，两峰之间夹有一块儿摇摇欲坠的巨石，千钧一发。望而却步中忍不住去张望尘寰里的光影，这块千钧一发的巨石在这里摇摇欲坠已经三百多万年，经历无数次地震的考验，始终没有掉下来。四周石峰如剑，刀山火海，不管世界如何桃飘李飞，它依然嶙峋险峻。过一石洞后峰回路转，来到一小石屋——且住为佳。在地质学家称为“土下溶蚀”的作用下，两峰底部凹成室，如厅似屋，成为一处温馨小憩之地。一转身，石洞上方有四个大字“无欲则刚”。

清幽幽的一团梦在大石林海拔最低的地方飘然，剑峰池是最幽深的地方，也是最最神秘的地方。池水来自地下，旱季不涸，雨季不涨，池水清澈，天光云影，四周群峰秀色尽在池中。一柄利剑化作秋霜，凝成冬雪，在天光掠影的石峰间赫然下坠，直入池中。剑锋所向，满林肃穆，寂寥古意，情境悠悠。

“初极狭，才通人”，极狭通人的两峰相挤处仅有三十厘米宽的缝隙，天人合一的精妙，自然唯美的清朗，在寻觅与发现中悠然心会。

进入风光无限的石林桃花源，仰天俯地，身临其境，心情在诗情里驰骋，陶渊明描绘的盛景就在脚下，上可观天，下可察地，一马快鞭，一不小心就有仰观宇宙之大，俯察秋毫之末的快感。在此闲逛流连，种种闲逸之景不期而遇。“古藤同心结”祝人们爱情甜蜜家庭幸福，“双鸟渡食”是上天精工雕塑的神品，“羊有跪乳之义，鸟有反哺之情”栩栩如生。石峰之顶有一头小

❶ 碧波荡漾

❷ 千态万状

象在遥望远方，这是“象踞石台”。“千年龟”惟妙惟肖，撒尼人说见了它就心想事成，摸了它就长命百岁。“石钟”是乐神赐给石林的宝贝，能奏出自己的心声。

登上建于三十米石峰之上的望峰亭，俯瞰千峰比肩石柱成林，众峰顿时渺小，阿诗玛就隐在亭下的茫茫林海中。

❶ 自然之诗

❷ 世外桃源

曲径通幽中进入一石洞，四周尽是高耸的石壁，只剩下坐井观

天之感。由“坐井观天”往前，两边是直插云霄的石壁。一堵石壁被拦腰斩了一刀，只留下一条窄窄的缝隙，由此仰观苍穹，天只有细细的一条。

当年赵发率领的起义军就住在石林中，这儿是起义军扎营的地方，有石桌、石凳、石床、石香炉，还有一泓清泉。在石壁的底部有可容一人出入的小洞，为赵发关押战俘的“石监狱”。

徐徐来到莲花池旁，这莲花池因水中一石酷似莲花而得名，迷离惝恍，虚实交错，大有池边半日，尘世十年的唏嘘。

传说古时候，南盘江的水低，陆良坝的田高，庄稼人望着江水却浇不上苗。祖祖辈辈都想在宜良的高古马筑一条拦河坝，堵起江水来灌溉陆良坝的田。可又因工程太大干不了，想了千百年还是说空话。有一个叫金芬若戛的彝族支系撒尼人，心雄胆又大，发誓要为百姓堵江造坝。一天晚上，他悄悄摸进神仙的洞府，偷出了“调山令”和“赶山鞭”，连夜喝令陆良四山的石头像赶羊群那样用鞭子打着它们往宜

石林湖（即恩来湖）

1

2

良方向走。可惜，石头刚被赶到石林，公鸡一叫就天亮了，神仙的宝物失灵了，跑着的羊群立地生根成了石林，金芬若戛也被神仙捉去处死在洞府里。到如今，南盘江流域的陆良、宜良都变成了米粮仓，金芬若戛的事就很少有人知晓。然而，你只要细看石林的石峰，都有道道横裂缝，那就是金芬若戛挨过抽打的鞭痕。

大石林雄伟壮观，诡秘神奇；小石林玲珑剔透，清新俊雅。来到这里，岁月叠压在泥土之中，草坪如硕大的绿色地毯四季常绿。绕过草坪，沿夹道穿行，微波粼粼的玉鸟池赫然显现于眼前。正前方一尊天公传神杰作，撒尼人的女神阿诗玛身背竹篓凝视远方，日复一日，年复一年，盼望阿黑哥的到来。

撒尼人精神家园的诉说，内心深处的渴求，人性当中的秘密，都隐藏在阿诗玛的凝眸远眺之中。她每日迎接朝露，凝视暮色，静听山风，安享夜莺，将撒尼人的民族性格与民族精神，以无比完美的姿态融合在一起。她气定神闲地美美屹立在那里，时光荏苒，随着太阳的光影变幻站立的姿态，流云向她致意，歌声为她响起，飞鸟们在她身边任意地离去和归来。

民间故事中的人物，很少有如阿诗玛这般多情灵动，名扬天下。她的美丽化成奇观异景，她的爱情浇筑成永恒图腾，而她的形象，升华成为云南旅游业的显赫标志。

桃源之境——长湖

长湖，位于大小石林景区25千米处的长湖镇维则村，坐落在海拔1907米的群山环绕之中，湖面形状如身材修长的少

湖畔

女，是民间传说中阿诗玛的故乡。

野渡边舟自横着，长湖独有的风流影影绰绰。碧水漾漾，芦苇萧萧，尘埃化去，时光倒转，要留我在这桃源之境永驻。

坐于湖畔，高原湖泊竟然无一丝丝寒意，只有秋水无痕的深情。远望，迷离惝恍千态万状，翠色攒空的群山环抱着它，修长的湖面犹如一位楚楚动人的少女，含蓄含态，蒙蒙虚色。湖边樱花、桃花、杏花都开了，我想将那些飘落的花瓣拾掇起来，放进心瓶。

长湖是熔岩湖，湖水由地下水供给，周长 5 千米，宽 300 米，平均深度 24 米。水质清澈毫无污染。四面青山环抱，空气清新洁净，通透澄明。湖中有许多充满光阴萦绕故事的小岛，湖岸是以云南松为主的森林，地势平缓，分有众多小湖，清净幽美。这里是阿诗玛的故乡，是阿诗玛每日洗脸捣衣的地方。长湖，只有长湖，才是溪流们灵魂深处最渴望栖息的地方，是每一位来客的理想乐园。

一群群鱼儿放弃溶解于时间的自由，就此安居于长湖。岸边的青山绿树尽情将身姿倒映其间，交互映衬着婀娜。蒹葭苍苍时节，那凝霜的芦苇眺望着茫茫白露，任由芦花盛开，舒展自如。湖中无日历，寒尽不知年，唯有湖水在云层上荡漾，在仙境中流淌，在古意盎然的《诗经》中流转。周围林木茂盛村庄秀丽，满目苍翠，生活在长湖区域的人们，洋溢着由衷的安详与满心的喜悦。

人们来到此地野营、度假、疗养、水上活动、射箭、欣赏，或参加民族舞蹈表演，刻意放缓节奏，忘记时空，尽情享受一场与水的漫长约会。或划船、垂钓，或登山、射箭，或野炊、采摘花果。他们往往备有帐篷夜宿湖畔，月上东山水光潋滟之际，约二三知己荡舟湖面，挥洒东坡夜游赤壁之趣。

长湖被掩藏在青山翠岗之中，游人足迹罕至，又被称为“藏湖”，是一名深藏于海拔1900多米的群山环抱之中的婀娜少女，

每日以悠扬的弓弦弹奏着绵延于山川深处的水之妙曲，这音律被时间浸润于维则村的历史序曲之中。湖水散漫而不经意地潋滟着，在阳光下肆意舒展，每一滴水珠都拥有前世注定的规则。在天地间勾画出随心所欲的涟漪，那些泠泠线条永久地证明着她的优雅雍容。

每逢农历六月二十四日，火把节之夜，彝族人民聚于湖畔，弹琴吹笛、高歌踏舞、篝火映湖、乐声如潮，宁静的长湖成了歌、花、人的海洋，摔跤、斗牛、大三弦舞蹈精彩纷呈。

作为岩溶湖泊，长湖因地质断裂作用而生成，仿佛重新回到天

上之水初形成的纪年，重新触到地气冉冉升起的时刻。她很宽很大，在湖的中央还有四个蓬莱岛，岛上长满了野花山果，栖息着成群结队的水鸟。湖底布满礁石、岩柱、石笋。旱季水浅之时，可踏着出露的礁石上岛。南岸山石延伸入湖，形为半岛，岛上又有一湖，是为湖上岛，岛上湖。

湖周又有十数处小湖，散嵌山林之中，是为湖中有岛，湖外有湖。越过指尖的温度在石缝里发芽，无憾晨曦苏醒后的摇曳，不怕飘之即来的乌云，她满足于空气中充盈着的花草芳菲。

相传很久以前，居住在长湖边的彝族撒尼头人为保族人平安，祈求风调雨顺、五谷丰登，在农历三月的第一个属龙日，带领村中所有男性族人，准备祭品在长湖出水口供奉掌管风雨的龙王，为

族人祈福。祭龙活动代代相传，延续至今，已成为长湖镇民间每年较为隆重的传统节日。人们放生并留下自己的名字，毕摩在祈福的时候，会念这个名字并为你及家人祈福。放生一条鱼，吃一口毕摩祈福的福肉，佩戴一个福铃，成为祭龙节的传统风尚。长湖水抚过湖岸，掠过树林，触手可及处是湖光的银亮，村庄的轮廓。

素净高冷的长湖水就在眼前，像一个素昧平生却不忍错过的知己。我忍不住轻轻捧起一把，甘甜清洌的湖水有着无边魔法，不但在于它的形状、姿态以及不可捉摸，还在于它不为四季气候所左右的存在感。那种存在感滚荡不安也好，安然静谧也罢，永远是充满灵性且高贵神秘的，在四季的掌纹下盛放出独特的肌理纹路，散发出全心全意的通达透彻。

蓝天白云倒映在湖水中，水波的飘带如此舒缓沉静，空气洁净得一尘不染，这是长湖区域特有的空气质量。那一池湖水心无杂念地荡漾着亘古的旋律，山峦岩石林立，四周树木苍翠，几只色彩斑斓的小鸟闯入视线，扑闪的羽翼引领我的目光，去会见云端上的阿诗玛。

桀骜不驯——乃古石林

乃古石林（黑松岩）景区，位于大小石林景区以北 8 千米处，距石林火车站约 4 千米，距石林县城 17 千米，面积约 10 平方千米。

一片威严耸峙的黑色石林拔地而起，黑森森绵延不绝，如大海怒涛气势磅礴，像古代战场森严壁垒。这些黑色的石头造型各异，千姿百态，似众仙神色凝重奔往聚会。或成林成片，或雄踞独傲，或立或卧或倚或仰当中，尽显肃穆与苍凉。远处是绵绵青山，近处是田园农舍，奇绝与秀美相互映衬，张弛松紧间尽是鬼斧神工。屏气凝神间，有诸佛参拜，万仙来朝之气象，数目之众，凝视几乎趋于无效。——这就是闻名遐迩的乃古石林，旧名石门峰或石门哨。

乃古是彝族的撒尼语，包含了古老和黑色的意思。清康熙《陆良州志》记载：“石门峰，沿西南四十里，地名石门哨。”因附近有和摩寨村，又称和摩寨石林。又因似片黑色松林，又称“黑松岩”。“黑”在彝族语中称“乃古”，于是乃古石林这个名字，伴随

时光的流逝传扬至今。

乃古石林也叫新石林或和摩寨石林，徜徉其中，目光触及之处一片广袤无垠，心绪感受之中尽是心旷神怡。2.7 亿年前的白云质灰岩构成的岩石体貌，以灰黑色整体呈现于大地之上，岩石表面的粗粝嶙峋饱含沧桑。抬眼望去，高大而密集的石柱呈城堡状、塔状、蘑菇状，或高大雄壮，

乃古石林

❶ 乃古石林－秋

❷ 乃古石林垂丝海棠

或粗壮厚重。奇石成阵，浩瀚如林，古朴粗犷，雄伟壮观。扑面而来的苍莽风格既不可一世，又无法混淆。

民国《陆良县志稿》记载：“和摩寨有石峰，孤秀高耸，垒石而成。四面峭石，狮蹲象伏，百怪千奇。每逢雪天，如玉笔直

插云霄，瑶岛琼林，天然绘图。”石峰积雪为当地奇观美景之一，历代骚人墨客吟咏不绝，罗光灿作《石峰积雪》赞：西风料峭倍严寒，峰北峰南雪尚攒。谷口寒封樵子路，天开画景壮游观。

白云湖的水清澈而潋滟，在阳光下泛着粼粼波光。湖中有两座小岛，一为“蓬莱岛”，一为“瀛洲岛”，这两个名字令我心生遐想。“入海求蓬莱者，言蓬莱不远，而不能至者，殆不见其气。”假如我泛舟上岛，能否一窥通天教主在碧游宫开设的法脉道场？能否偶遇一名灵兽修炼得道而成的仙子？而那瀛洲岛仙居东海，“地方四千里，去西岸七十万里。上生神芝仙草，又有玉石，高且千丈。出泉如酒，味甘，名之为玉醴泉，饮之，数升辄醉，令人长生。洲上多仙家，风俗似吴人，山川如中国也”。

外围的山岭峰峦上耸立着许多被风化了的石柱，黝黑的石林里有碉堡，有战马，有远古的城垣，犹如烽烟弥漫的古战场。夕阳西下时，太阳将一片金黄洒在这片古战场上，将军、士兵、战马、兵器笼罩在一片金装里，庄重、肃穆、神秘。电视剧《三国演义》当中的很多外景就是这里拍摄的。

穿行在石崖间的小道上，淳朴的泥土气息夹杂着野花芬芳扑面而来，周身沐浴在田园牧歌当中。岩壁上垂下一道

“一线瀑”，虽不如大叠水瀑布雄伟壮观，却透着娇小玲珑的秀气，不需要磅礴轰鸣，不需要虚张声势，兀自温婉曼妙地流淌着。既有闲情逸致，也能滴水穿石。

曾游览过大小石林，二者虽同处喀斯特地貌当中，然风格迥异，大不相同。大小石林千峰比肩，大小高矮非常接近，远观但见一片密密簇簇彼此相像，近赏则尽显大自然精雕细琢之神功，顽石似鸟状、兽状、物状，或拟人，或抒情，或拟物，神情生动疑真还假。而乃古石林则石质黝黑，古朴粗犷。它既没有精细纤巧的构思，亦没有细致入微的刻画。然而身临其境便被一股凛然气势所震慑，踏石蹬，入石门，拔野草，探幽林，山禽鸣岗，危石森森。它是桀骜不驯的，是气势磅礴的，如怒发冲冠，如大海咆哮，如历经磨难，如沧海桑田，静静演绎着太多的跌宕起伏与前尘旧事。

东区有梁祝相会、众志成城、峰上望、古战场、石破天惊、天鹅恋、猪八戒背媳妇、独石成林、佛手屏、千仞峰、孔雀开

春暖花开

屏、承露盆、双狮恋等，尽管都是后人给它的名字，却无形中赋予了这片苍茫石崖以勃勃生机，汩汩活力，将亿万年的沉淀融入人文历史的栩栩故事当中。西区有相依为命、八仙亭、古佛一灯、龙腾虎跃、老君壶、南天栈道、古塔洞天、南天华表、垂帘听政等等，因为有田野环绕而开阔明亮，一派田园风光。

尚未充分开发的北区，有羊肠小道可通行。这里岩体高峻雄伟，气势非凡，大量石芽分布于草丛，许多地段需要在灌木和荒草中穿行，还需要爬壁攀岩。残阳如血，十面埋伏，金戈铁马，提枪仗剑，杀气逼背……似乎千年前我曾来过这里。

石柱与石柱间有着形状各异的塌陷、溶洼或溶斗形态，它们与地下洞穴交互出现，或与暗河彼此交织，奇峰、溶洞、湖泊等喀斯特地貌奇观争奇斗艳。地下处处有溶洞，至今已探明的大小溶洞就有“弯腰洞”“蝙蝠洞”“白云洞”等九个。白云洞虽然并不长，但景观玲珑剔透，洞内十八个景点以阿美诺的神话传说一线贯穿。其他溶洞仍然是尚待开发的一片神奇处女地。

登上峰顶的一刻，忽然有了君临天下的感觉。一片黑色石海扑面而来，远古的地质风貌犹如一幅巨大的地图徐徐展开，是造物主的奇思妙想，是大自然的鬼斧神工，还是冥冥之中的某种机缘暗

合，造就了它的质感与色泽，造型与寓意，阳刚与蛮荒，最终造就了它的苍凉与狂放。

近年来打造的乃古花海有春季的二月兰、油菜花，夏季的紫顶龙芽，秋季的波斯菊，雄壮粗犷的石海与娇艳美丽的花海形成强烈的反差，刚柔相间，优势互补，给人以十分震撼的视觉冲击力，是观光休闲、科考研学、影视拍摄、婚纱摄影的绝佳之地。

喷云吐雾——大叠水

沿山间小路，越丘陵、过村庄、穿田野，行不过数里，便听到瀑布发出的巨大轰声。继续前行，在一片坡地的前端，呈现一个倒形深箐，那巨大的轰鸣声，就是从这箐沟里传出的。沿坡上的之字形小路攀藤扶石蜿蜒而下，二三百米至箐底，一片雄奇壮观的瀑布，便呈现在眼前。隆隆水声震天颤地，如雷过顶，山谷响应，万物肃穆。再看瀑布，从高崖顶上翻落下来，气势恢宏若从天降，那巨量的水体轰然跌下，激起水雾阵阵，瀑下被笼罩为一片迷蒙。

这便是闻名遐迩的大叠水瀑布，云南最大的瀑布，也是珠江第一瀑布。

大叠水（飞龙瀑）景区在石林县县城西南面，距县城 18 千米，距大小石林景区 27 千米，距石林西站 3 千米，在石林县板桥街道境内，包括大叠水、小叠水、仙人洞、白鸽园、半瀑园、清水河等众多景点。瀑布落差 92 米，比贵州黄果树瀑布高出 18 米，雨季宽幅可达 60 余米。

巴江河水流到这里时，两山夹峙，岩层骤断，悬崖壁立百余米。奔腾的河水在这岩层骤断，下面悬崖壁立高达百丈，河

吞云吐雾

水宛若横空出世的骑士，在毅然决然中放弃舒缓的自由，放弃悠然的节奏，以雷霆万钧之势纵身一跃，从悬崖奔跌而下，顿时声震山谷。森然的乱石垒叠着，险峻着，兀看水花奔腾。水流跳过三叠岩石，在下落过程中又被分为几条小瀑布，再被岩石分成若干碎片，飞流直下，如烟如雾如尘，倾入崖底的深潭之中。

大叠水瀑布壮丽的景色，前人称为“叠水喷云”，罗光灿曾作诗颂：“瀑布飞泉几万重，喷云吐雾豁心胸。油然出岫嘘成气，洞口淫边密密封。”宽二十余米、高一百二十余米的大瀑布似从云层倾斜而下，似在空中奔流行走，如从仙境中突兀而来。自瀑布诞生之日起，所有的花草树木岩石生灵，都氤氲在它润泽的光辉之下，四周林木茂盛，空山欲滴，满目苍翠。

哗哗水声传到遥远的山巅，回转到幽深的谷底，最后又回传到我的耳畔。莫名的心境坐在秋千上轻轻摇摆，静

吞云吐雾

听风声、水声、鸟叫声、蝉鸣声，全部心境都笼罩在大自然的怀抱中。

因水头巨大，瀑布跌落时激起的阵阵轰鸣声振山谷。阳光照射之下，水雾幻化为五彩长虹，色彩缤纷，与四周郁郁苍苍的林木交相辉映，构成一幅叠水喷霞的绝妙图画。碰巧遇雨后初晴，山畔薄雾残留，崖前水雾迷蒙，瀑前、山畔双双现彩，形成雨后双彩虹的奇观。瀑布之下形成的深潭波光耀眼，清澈见底。我的心境变得像那瀑布，飞洒出七彩的细碎水珠。快乐和兴奋交织在一起。

大叠水绚丽而多彩，干旱季节，飞瀑两侧如白练下垂，中间如珠帘遮盖。山崖四周，苍翠的大树犹如撑天巨伞，尽情绽放生命的颜色。连风烛残年、仪态万方的老树桩，也在瀑布飞溅的滋润中顽强地开出素雅的花朵。到了雨季，水量丰富，瀑面拓宽，水从崖顶跌落，有如银涛直泻，万练垂空，水击岩石，若玉絮飞花，溅珠结雾，弥漫太空化为蒙蒙细雨，飞洒在山野之间。俯临木栏杆，把酒临风，鸟瞰身下绝壁悬崖，遥看瀑布激起的满谷水雾，听水声轰隆，飘然欲仙。

在这样一个静谧且不受打扰的仙境里，所有的生灵都沉浸在柔和的喜悦里。

石之脉络——糯黑石头寨

糯黑村石头寨位于石林风景名胜区东部约25千米处，隶属圭山镇，村寨依山傍水，景色宜人，呈典型的喀斯特地貌。

一步踏入糯黑村石头寨，便从此进入一个奇幻的石头世界。

清一色的石板路面，清一色的石板房，清一色的石板瓦顶。房屋样式与排布格局，或稳重端庄，或飘逸灵动，或热情奔放，或安宁静谧，如同表现主义大师的画卷，勇敢挥洒，无拘无束。建造者的即兴才情，以闪亮的姿态彰显在老圭山的山麓。

石板的山墙，石板的门风，石板的烤烟房。石块搭建的牛

圈，石块垒砌的围墙。石碾、石磨、石刻虎像，石础、石门、石怪兽、石卷草……它们既是自发性的、自我表现的，又是超现实主义的，具有情感强度的。

石头寨的横空出世，造就了一个画意盎然的世界，石头的脉络筑起一道旷世的风景，描绘在糯黑这块巨大的画布上。

悠悠青山立在一侧，巍巍山影倒映在一潭绿水之中，四周青山环绕的石头寨就卧在灵秀的碧水之畔，与著名的老圭山遥遥相望。"糯黑"为彝语，"糯"意为"猿猴"，"黑"是水塘，全名意为"猴子水塘"，亦可理解为"猴子戏水的地方"。这座古朴的村落始建于明洪武三十一年（1398 年），迄今已有 600 多年的历史，曾是泸西通往省城昆明的马帮古驿道。因为地处岩溶喀斯特地貌发育区，附近的群山多为石山，村民在平整的地方凿石，倚山建寨，挖地基时挖出的石头就够盖一间房子。于是，有上百年历史的石板房，唯一只存在于糯黑村。

军阀混战时期，盗匪横行，为保村宅安宁，村民们筑起石墙维护村落，开寨门设炮楼，植藤刺棚于墙上。人们上山采

安宁静谧

石，依照石头的纹理层次开采，改制成大小不等的石条、石板，用来建造封闭式石木建筑。撒尼语将石头称为“路玛”，路玛宿命一般成为糯黑建筑的标志性符号。人们用上过紫红油漆的木材做梁架、门窗，外墙用石板、石块垒砌，内墙用石灰粉刷，屋顶铺扁瓦盖筒瓦。民居布局为楼上楼下两层，三间正方、两间耳房。

明洪武三十一年（1398 年）设“藤子哨”于糯黑村，为士卒的防卫哨所。清咸丰七年（1857 年）在太平天国农民革命运动的影响下，彝族支系撒尼人团结一致，高举义旗掀起大规模的反清斗争，历时三年。至清咸丰十年（1860 年）岑毓英率清军与义军作战。彝族首领杨辉南战死，义军撤出石林县城，在石林和维则一带坚持斗争，以维则独石山为营守城堡。在糯黑村子背后大山顶筑“烽火台”、石围城，为赵发将军后退死守备用。迄今，糯黑村的石城除少部分倒塌外，还依稀可辨石城古寨遗迹。糯黑便以“明代的藤子哨，清代的石古城”闻名。现在的石板房、石板路均有乱世筑城的痕迹，是旧时

村景

历代兵家必争之地。清嘉庆二十一年（1816年）至1949年的133年间，糯黑的大部分土地为陆良县的资姓所有。

聪慧的糯黑祖先创造了一楼一底，三间两耳的房屋样式，规定两面山墙和背墙必须为石板砌筑，剩下的一面墙可用石板垒成，可用土夯成，也可用泥巴糊成。他们天性里的豁达奔放，让外观石板之间并不整齐划一。错落有致的石头纹理在阳光照射下，呈现出不同的高低、凹凸和前后关系，别致的光影造就出迷人的韵律。仔细看那些石头的垒筑，缝隙之间或干净利落，或有少量碎石填充，无

幸福之路

拘无束，随性自然。房内的墙缝间，用少量线泥填充，这不是随性而为，其中蕴含着祖先的智慧与经验，因为这一结构成就了石板房冬暖夏凉的终极特点。

房外墙面与屋顶都是石板，筑造时大石在下，小石铺上。屋内的梁、柱、檐、楼板都是木料的，由植物枝条或木板编制成窗户。屋脊和门上的石刻虎像是撒尼人永恒不变的图腾，在屋檐、挑拱、垂花柱、梁枋和拱架之上，以精美的牛羊头角或鸟兽花草线脚作为装饰，石础、石门上雕刻着栩栩如生的怪兽、卷草、人物，是令人的感官和想象都充满美感的生灵，是鲜活的生活画卷，是撒尼人如影随形的图腾伙伴。

用石板、石块垒砌的石围墙、石板房、石板路散落其间，民居建筑布局合理、设计巧妙、造型独特、美观大方、实用牢固、错落有致，保持了彝族支系撒尼人原有的自然村落传统风貌，体现了撒尼人真正的“石头古寨”风韵，是天人合一的自然表现。独具特色的民居建筑，在滇中独一无二，经常有省内外美术院校师生到村中采风。

沿着一条只能容纳两个人并排的小路前行，一幢幢独具匠心的石头房屋依次呈现。几乎家家户户的屋后都有几棵百年老树，妙曼的枝干形态各异，细而密的枝叶伸展在石板房上。房前大都栽有一蓬蓬金竹，种着月季、剑麻、小灌木，竹影婆娑出弥弥诗意。有些房屋直接顺路而建，以路为院，农具随意地摆放在屋前路边，别有一番民族风味。有的房屋中规中矩围合成院落，石头垒起一圈围墙，百年老树的华盖之下，青枝藤蔓盘错其上。沿主路旁延伸的小道漫步走入，被引入一个没有门的院落。会飞的土鸡腾跃在树枝间和围墙上，猫咪蜷在台阶下打盹，狗儿悠然自在晒着太阳，看见生人进来也毫不理会。墙角石缝中伸展出柔弱的野花，兀自顽强地绽放着。上过紫红油漆的梁架和门窗嵌在粗粝的石块中，窗户是木板或植物枝条编制而成的。透过一扇开启的窗棂望进去，是一间厨房。在空间区划上糯黑人的日常饮食无厨房、餐厅划分，在火塘边摆放一张桌子，就完成了厨房和餐厅的混用。

走在这田园牧歌似的村庄里，抬头一片蓝天，放眼郁郁葱葱，青绿蓝三色交映出撒尼人生活的悠然天地，恍惚中竟有穿越之感。盘江日报社旧址藏匿在一个山重水复疑无路的犄角旮旯，进入之后才惊觉竟是个幽深阔达的庞大院落。斑驳的石墙印刻着当年血雨腥风的惊魂记忆，褪了色的老门板老窗棂，还摇曳着昔日紧张忙碌的身影，秘密印刷好的一份份报刊藏匿在石板伪装的暗洞里，待风声平静时转移出去，送进城里。

❶ 村庄的故事

❷ 石头寨和阿黑哥

在村口有一块空地，村民在空地中间用石头垒高出一个圆形的舞台，遇到节日庆典或者农闲的时候，村里的文艺团队就会穿上传统的民族服饰，在这里表演传统的撒尼舞蹈。据当地老者介绍，在糯黑村口密枝林入口处池塘前，本有两块勒碑立于左右两边，用彝汉文分别记述了村寨的历史，但在“文化大革命”中遭到破坏。老者指着村中一间石屋说：“这就是当年边纵司令朱家璧住过十五天的地方。”村寨深处还有一间石屋，云南省委领导下的第一张报纸《路南报》就在这里诞生，这间石屋就是当年“边纵”部队驻扎在糯黑村时的临时新闻单位。据老者说，糯黑还有很多屋子和历史有关。

除了岁月留下的残痕，从外观上已看不出这些石屋的历史遗迹。步行其间，摩挲着粗糙的石头，听着老人们口述的故事，能够嗅出石缝间飘出的阵阵历史陈香。

糯黑村是个路不拾遗、没有偷窃的村落，民风淳朴，古意盎然。糯黑村有丰饶的游览资源，漫布的小水塘、“边纵”司令部旧址、猴子塘、王家大院、密枝林、民俗博物馆、刺绣品展示点、杜鹃山……艺术学院的师生到此写生一住就是数月，激情澎湃的诗人夜夜把酒临风，文人墨客相约小客栈会友神侃。

心灵家园——阿着底

“阿着底哟是个好地方，高高的青松树长满了山岗，长湖的湖水哟又清又凉……”一部电影《阿诗玛》，金子般美丽的姑娘阿诗玛出生的地方“阿着底”，传遍了五湖四海。

阿着底位于石林彝族自治县东南部，距县城20千米，是首批生态民族村和民族团结示范村，也是首批推出的对外开放“彝族乐”生态旅游村。

阿着底的绣女们

"阿着底"是撒尼语，意思为"美丽富饶的地方"。太空投向高原一根九彩羽毛，羽毛飘然落下变成了阿着底，远古时期的撒尼人就无忧无虑生活在这片美丽的地方，也就是今天的长湖片区。阿着底后依雄山，前临怒水，一条名叫"阿着额"的河流奔突于崇山幽谷之间，泽润苍生，浇灌家园。人们说起阿诗玛，就必然会想到阿着底，只有阿着底才能孕育出阿诗玛如花一般的美丽，如玉一般的清纯。清澈的溪水是她的眼睛，美丽的花朵是她的脸庞，岸边的杨柳是她飘散的秀发……阿着底赐予撒尼人最美丽的幻想和最晶莹的渴望，是他们的伊甸园、圣地和心中的天堂。

郁郁葱葱的"阿着树"谱写着这片土地的绿色植被分布之图，彝族的祖先在上古时代就告诫后代儿孙："有阿着树

生长的地方，才能诞生美丽的家园。”这些朴素而平淡无奇的小灌木有着极其旺盛的生机，有着坚忍不拔的活力，从而造就了阿着底的神奇魅力和形而上的寓意远景。它们耐寒耐旱，只要一小把瘦弱的泥土就能生根发芽，就能茁壮成长。它们无须种子繁衍，无须春风抚慰，靠自己串根来完成发展壮大，独树也能成林。阿着树或毛茸温暖，或潇潇摇曳，或华盖绵延，或荫翳遮天，在这片广袤的土地上挥洒情怀，铺排绿荫，蓬勃着一方天地的生命。这些具有极其旺盛生命力和坚忍不拔风骨品性的阿着树，被撒尼人视为图腾树、生命树。凡是有彝族人居住的地方，就有阿着树。凡是有阿着树生长的地方，就有阿着底。阿着底是彝族人心目中最美好的地方，是彝族人永远的老巢，是金不换的家园。

灵秀的山、温情的水、神奇的树、美丽的传说，阿着底演绎着彝族人民的本质与原初。面对生活的艰辛，他们无所畏惧；面对平实的生命，他们充满珍惜；面对每天的日升月落，他们泰然宁静。阿着底人有着拙朴硬朗的身姿，深邃坚韧的眼神，但凡有水波之处，心灵便得到润泽；但凡有植被之地，村寨就得到繁荣。那些从远而近的绿，从近至远的花，是这片地域最恒久的图像。只要青山尚在，绿水尚在，任何的季节变换，任何的历史风云，都难以摧毁这个阿诗玛的故乡。

时光绵延百年，村里依然保留着与阿诗玛有着千丝万缕牵连的习俗与文化，保留着古朴典雅的民风民俗，最终将这个村落成就为世人了解和认识彝族撒尼人，研究阿诗玛文化的一本活字典。

阿着底的刺绣图案并非凭空想出，而是最最深切地源于生活。独具特色的山川地貌、风物特产，生活中常见的花鸟鱼虫、飞禽走兽，经过撒尼绣娘们的模拟、提炼和概括，在她们的精心构思与巧妙布局之下，魔术般演变为变化多端、鲜艳夺目的图案。美雨花、太阳花、八角花，所有与花朵相关的图案倾诉着撒尼人爱美的心理和祈福的意味。那些小小的生气勃勃的虎是撒尼人永恒的图腾。

阿着底刺绣工艺流程精妙且步步为营，先确定图案，把样品交给村里和村外的刺绣好手为依照，以手工绣出一块块花样零件，交到刺绣厂里加工之后，挎包、包头、服装、鞋面、桌布、床单、伞套、沙发巾、领带等各式各样的成品便脱颖而出。如今，刺绣协会、厂家、农户相互组合的形式开启了规模化生产方式，她们绣的挎包、围腰、被单、背心、钱包、沙发巾、桌布、壁挂、包头、服装、服饰等被人们争相抢购，是带回去向亲朋好友炫耀的珍贵纪念品。

如果你来到阿着底，可以跟撒尼姑娘学刺绣，做一回心灵手巧的"阿诗玛"。可以爬山帮彝族人采收苞谷，到地里摘野菜，到山上捡菌子，感受一把劳动的乐趣。可以选一家客栈小住数日，吃在彝族、玩在彝族、住在彝族，当一回地道的彝族人。夜晚月亮挂上树梢时，彝族村寨的篝火和大三弦会把你的身心带进欢乐的海洋。

听一听彝族人是怎样深情咏唱阿着底。

阿着底村民载舞庆丰收

村边的古道

我走过一个，一个阿着底的地方，
那里有群山，还有撒尼人的村落；
那里的男人，就是山里的太阳，
那里的女人，就是山寨的月亮。
我走过阿诗玛，阿诗玛生活的地方，
我听过阿黑哥，一支支悠扬的牧羊调，
我喝过一杯杯，一杯杯甘甜的彝族酒，
如今我又回到阿诗玛的故乡。
这里的山，这里的山依然青青；
这里的水，这里的水依然甘甜；
这里的歌，这里的歌依然传唱；
这里的酒，这里的酒依然浓烈。
无数次地呼喊，呼喊阿诗玛；
无数次地梦见，梦见阿着底。
如今我已找到，找到阿诗玛；
如今我又回到，回到阿着底。
……

神秘记载——彝文摩崖

传说在石林鬼斧神工的天然景致之中，隐藏着一块神秘的摩崖石碑，即便是当地人也从未亲眼看见过它，更没有人知道石碑上的内容。

为什么在自然天成的石林里会有这么一块摩崖文字？上面又记载着什么呢？随着神秘摩崖石碑被越来越多的人知晓，许多历史爱好者和前来石林旅游、探险的中外游客，都试图想寻找这块摩崖石碑，破解石碑上的内容。但是，石林复杂的地理环境每次都让他们无功而返，遗憾而归，从而更增添了这块摩崖石碑的神秘色彩。

传说中的神秘石碑果真存在吗？

一个彝族老人在放羊时看见一个悬崖似乎写有许多文字，由于他不识字也就没有爬上去看。当石林彝族自治县文物管理所得知这一线索后，恰逢《走遍中国》摄制组来到石林，他们希望在这位彝族老人和文物管理所的帮助下，寻找到这块神秘的摩崖石碑。

老人所说的地方位于长湖镇乍龙村西面，离县城三十多千米，这里人迹罕至，地形复杂。由于景观相似，即便是同一个地方，季节的变换，景致也大不相同，很容易迷失方向。

这是一块撰写在悬崖上的摩崖文字，题字为古彝文，用漆墨题写，共三十行五百二十五个字，除少部分彝文字迹模糊外，大部分尚可辨认。因为这片石林完全无路可走，因此很难被人发现。

彝文属于象形文字，在几百年的流传过程中变化很多，即便是通晓彝文的专家，要辨认古彝文内容也并不是件容易的事。据古文字专家武自立、黄建明两位教授考证，此摩崖题字题写于清咸丰年间，记述了清朝咸丰七年（1857 年）路南、弥勒一带的彝族农民，在今弥勒县麟马洞风口坡举行反清起义及战斗的过程，石碑上面记载了一个名叫赵发的彝族撒尼青年领导一场农民起义的经过。该摩崖题字对研究滇东南彝族人民起义，及联合回、汉民族反清政府运动具有较高的历史价值。碑文中保留着许多彝文古词语和古语法现象，为研究彝文演变和发展留下了宝贵的实物资料。

在石林民间一直有着关于赵发起义的故事，早在 1938 年，历史学家吴晗就对石林这座边陲小城非常感兴趣。由于不通公路，从昆明到石林几乎要花三天的时间。吴晗专程来到石林，走遍了石林的山山水水，对清朝末年发生的这场农民起义深入探访。吴晗是著名的历史学家，尤其是对清朝的历史研究有着很深的造诣。由于缺少史料记载，他也对这场农民起义了解不多。作为清史专家，吴晗迫切希望能够在石林找到答案。

摩崖石碑提到了独石山，也提到了名叫赵发的起义将领，今天独石山上的遗存，是否就是赵发的起义部队所留下的呢？吴晗在李埏的陪同下走遍石林的山山水水之后，来到位于石林深处的一座并不起眼的小山。因为整座山像是一块石头，当地人称它为独石山。吴晗在登临独石山后，迫不及待地在马背上作了一首诗，其中前两句是："独石山上树将旗，将军英名妇孺知。"诗中所指的将军和摩崖文字里所记载的撒尼英雄赵发是同一个人，独石山

❶ 乍龙南彝文摩崖题字

❷ 神秘的摩崖石碑

附近的彝族村落糯黑村也被称作石头村，是赵发长期和清军抗衡的大后方。一旦独石山失守，他就会撤退到糯黑村继续和清兵抗衡。

彝族支系撒尼人有崇拜山神的习俗，在撒尼人的眼里，山上的一草一木，每块石头都是山神的化身。直到今天，每次登临独石山，人们都要烧上一炷清香，既是祭拜山神，也是缅怀百年前的起义领袖赵发。晚年的赵发回到了故乡石林，他兴修水利，修葺文庙与武庙，办起了彝文学习班。彝族人有斗牛摔跤的习俗，从小喜欢舞刀弄枪的赵发就积极倡导摔跤运动。为了广交彝族朋友，他甚至还在他童年生活的村庄大兴土木，在路南的东海子，买了大片的土地，盖了一串的房子，在那里接待所有彝族客人，广交天下的彝族兄弟。清光绪十八年（1892年），赵发病死在他的故乡石林。

一百多年后的今天，那场浩浩荡荡的起义早已成为陈年往事，但对这位彝族撒尼英雄，当地的老百姓却一刻也没有忘记。每年的清明节，当地老百姓都按照彝族人的习俗，来祭拜这位起义将领。

在今天的独石山山顶上，矗立着一块巨大的岩石，岩石上刻写着吴晗的诗句：“独石山上树将旗，将军莫名妇孺知。

乍龙彝文摩崖题记

我来已历沧海劫，犹傍斜阳觅古碑。”诗句伴随着赵发的英勇事迹，永远地留在独石山上，留在撒尼人的心中。

隔世之祭——普鲁海牙墓、杨家祠堂

我一直对元末修建的“普鲁海牙墓”充满好奇，它缥缈、恍惚，有一种隔世之美，位于石林县城西的紫玉山上。山脚有一处明末始建的庭院，名“忠节祠”，俗称“杨家祠堂”，二者之间微妙且不可割裂的牵连，也令我充满探寻的渴望。

康熙《路南州志》载：“海牙公生于蒙古，仕元，官至武德将军，大理路总管，移驻路南，洪武初死国难，赠闲里伯。”“海牙公”即“普鲁海牙”。“普鲁海牙”为蒙古族古语，意为威武雄壮的猛士。至元十一年（1274 年），元设云南行中书省，任赛典赤为平章政事，从元世祖至元十一年（1274 年）到二十六年（1289 年）之间，大理路总管一职悉由大理段氏担任。直至梁王杀段功，总管之职才空缺（梁王即忽哥赤的后裔把匝剌瓦尔密）。梁王杀了大理路军民总管府第九代总管段功，调普鲁海牙任大理路总管。马标纂《路南县志》载：“元封皇孙甘麻剌为梁王，封皇亲普鲁海牙为武德将军大理路总管。”其中“甘麻剌应”为误写，应是把匝剌瓦尔密。

段功死后，元朝廷遂将普鲁海牙从路南升调大理路军民总管府总管。但时间不算太长，又“复封普鲁海牙于路南”，为镇守路南一方的军事首领。

明洪武十四年（1381 年），明大将军沐英攻打昆明，其间与普鲁海牙大战滇东，普鲁海牙战死。尔后，沐英攻克昆明，梁王举家投水自尽，史书有普鲁海牙“洪武初死国难”之说。

普鲁海牙，与“忠节祠”有何关联？据《路南州志·杨忠节公传》载：“公讳以成字太和，元忠臣普鲁海牙八世孙，而古泉公讳鸣鸾之

普鲁海牙墓（北侧面）

子也。海牙公生于蒙古，仕元，官至武德将军，大理路总管，移驻路南，洪武初死国难，赠闲里伯，子泰隐居不仕，易姓为杨遂为路南人。”这说明普鲁海牙的后裔已易姓为杨，其第八世孙杨以成正是“杨忠节公”。

杨以成为何成了“杨忠节公”？据康熙戊子举人，任山东泗水县令的昆明人孙鹏在其《杨忠节公传》一文里所载：“八传至公，天性孝友，古泉公患疮痛甚，公不避臭秽，亲为吮，脓疾遂愈。既由选贡特授贵阳府毕鸟通判，时水藺交争、沾鸟构衅，公多方调剂，皆得平复，随以助征两江都顺监纪，定广洪边军，功陛本镇同知，九荐钦赏，两任奏绩。”

明代天启年间，蜀中暴乱，杨以成身陷敌手，大义凛然，以身殉职。天启七年（1627 年），熹宗皇帝“诏赐葬祭建祠坊”，这即是赐建“忠节祠”和“忠节坊”的时间。

崇祯四年（1631 年）二月二十日，云南布政使司左布政蔡侃，受皇帝指派祭吊杨以成，其祭词有这样的内容：

“孤城被陷乃遣吏怀印，因密书求援……竹筒一缄，丹心万古。岂料渊谋忽露，以致骂贼殒身。慷慨撄锋，壮怀并天壤不朽；从容就义，烈志与日月争光。”对杨以成给予很高的评价。

如今，“忠节坊”已毁，“忠节祠”尚有遗存，俗称“杨家祠堂”，占地约三千平方米，建筑面积一千多平方米，沿中轴线为大门、前殿、后殿和一院一场。两侧各建花园亭阁，为土木结构的古式建筑。有花窗、格子门，檐口有纹饰雕刻，工艺非常精致。民国年间，杨氏祠堂曾被辟为庙学，中华人民共和国成立初期，为路南县大会处厨房，以后为石林县医院职工宿舍。由于多年变更使用，内部门窗大部分被拆弃，大部分建筑已被损坏。

根据孙鹏写的“杨忠节公传”和崇祯四年（1631 年）皇帝的谕祭文，在路南数千年的历史中，杨以成是第一个受到皇帝诏赐的人。熹宗皇帝赐建“忠节祠”和“忠节坊”，是石林县迄今最为有价值的文物之一。

普鲁海牙墓（正立面）

神秘遇合——板桥砂石桥

板桥大砂石桥，位于板桥街道办事处和马街之间，始建于明嘉靖三十一年（1552）年。那位捐资建造这座桥的人名叫席大宾，板桥人。因着对巴江河水的热爱，对理想家园的热爱，滋生出这个无比执着的创意。于是，将此岸与彼岸的抵达，托付给了这座桥。也许他一生就只成就了这一座石桥，但这座桥改变了巴江河两岸的生活。

云南自古矿产资源丰富，开矿冶金历史悠久。在商代晚期，世居云南的先民就已经掌握了矿藏开采和冶铜技术。据《明会典》《滇云历年传》《滇略》，清道光倪蜕《滇云历年传》《云南冶金史》等文献记载，历史上，元、明、清三朝对云南冶金业异常重视，先后设立了诸路洞冶总管、淘金总管府、铜局、人匠提举司等专门管理机构，采取庶民采矿官取其课的办法，从云南获得了大量金属矿产。自宋宝祐元年（1253 年），元军统一云南，由于国家财政和军事需要，逐步扩大矿产开采。明嘉靖铜钱需求量逐渐增大，滇铜更加受到重视。清康熙二十一年（1682 年）云贵总督蔡毓荣上奏康熙帝《筹滇理财疏》，鼓励民间开矿，增设铸钱炉，政府收购铜料进行铸钱，抽取矿课。蔡毓荣在奏章中建议责成临元、洱海、永昌三道对呈贡、昆明、罗次、寻甸、建水、石屏、路南（今石林）、广通、定远、和曲（今武定、南华）、顺宁（今凤庆）等地铜矿进行监督开采。至乾隆前期，滇铜生产达到全盛，云南成为清

普鲁海牙墓（南侧面）

代全国铸钱业的主要原料基地。

石林矿产资源丰富，历史上就有先民从事金属矿藏的开采、冶炼和制造等活动。据《路南彝族自治县志》记载，铜业系石林县最早的矿业之一，境内曾出土战国和两汉时期的青铜箭镞、青铜锛、青铜斧、方形锸、尖叶形铜犁铧等青铜器，以及铁钏柄、错金铁钏格等金属器物，说明石林地区使用青铜和铁器的历史年代久远。石林自古盛产铜、铁、铅锌、硫黄等矿产，石林铜矿资源矿脉欠规则，分布广而零散，且埋藏较浅，俗称鸡窝矿。据史料记载，元、明、清三朝，板桥周围均为屯军驻地，垦荒种地囤军粮，开矿冶金筹军饷。自明正统、嘉靖至清康熙、乾

隆、嘉庆、光绪的数百年间，石林采矿冶炼业盛极一时，先后开办过四十二处采矿场。乾隆三十四年（1769年）凤凰坡、大兴等三家铜业极为兴盛，年产铜六万余千克。石林也成为云南铜矿的主要产区。

板桥村东南附近盛产铜矿、铁矿和硫黄，采矿点有宝源厂、太来厂、金马厂、羊圈厂、铜砂厂、母鸡厂等等。明嘉靖三十一年（1552年），席大宾捐资建造的大砂石桥正式落成。因为水系发达，桥的作用显得无比重要，不仅仅方便了两岸采矿与冶炼的技术连接，更方便了人们的出行和生活。在时间的轮回中，桥的存在成为人们情感的寄托。人们在桥上邂逅、相识，在桥上相聚、重逢，在桥上别离、洒泪。这座大桥占据了人们的情感世界，关于桥的故事与传说，也成为人文历史的一部分。大桥既凝

古朴而庄重

结了历史的厚重感，又深深融入了当地人的生活，如同巴江河上的一个坐标。

造出大桥之后，众多采矿点开采出来的铜矿和铁矿，便能及时运送到板桥村北部进行冶炼，两岸民众的生产生活、经济往来、贸易交往顿时活跃繁茂起来。一时间，巴江河沿岸，因为这座桥的连接，欣欣向荣。

巴江河，几百年来以流淌、静默的方式看到了板桥流域的农耕文明、采矿技术、冶炼文明，也看到了一个地域的崛起与兴盛。这座大桥应和着河水的流淌，实现了文明的延续。既解决了人们出行的问题，将人与河流的情感进行了补充，又解决了生产与运输的问题，使矿产得以及时进行冶炼。因此，大桥像神一样受到人们的崇敬、爱戴、仰望。清乾隆二十年（1755 年）时，人们再次重修了桥面。这座大桥如同巴江河上的一个图腾，凝固着、挺立着，连接并支撑着两岸人的美好情感。

建造者将它设计为一座三孔拱桥，桥体用长方体红砂石

这座桥改变了巴江河两岸的生活

砌筑而成，南接马街，北通虎街，全长30.7米，宽6.6米、中孔高2.9米、跨度5.9米，左右两孔各高2.2米。我将自己变成一叶轻舟，缓缓行到桥孔之下，用呼吸、用抚触去贴近这个庞然大物。它经历了多少风雨？太阳和月亮在每个白昼与黑夜给予过它多少光亮？四百多年来它承载了多少匆促的步履？将多少旅者送到了幸福的彼岸？

不论从哪个角度望去，这座桥的造型都是古朴而庄重的，建造技艺高超精湛，是昆明地区现存保存情况较好、规模较大的明代石质古桥梁。桥墩的迎水面和背水面都呈三角形，俯瞰如同两艘停泊在河中的大船。在往昔那个岁月里，它充满激情，活力四射，南北两岸的村落都在它的统领之下而欣欣向荣。当城镇步入现代化之后，当两岸的新兴建筑突兀在它面前时，来自工业社会的侵蚀消减了它的活力，它渐渐在时光的洗礼中黯然了下来。

整座桥不仅显示出造桥者非凡的智慧与才能，更突显了建桥人的胸襟与坦荡。在主孔下部镶嵌有一块长0.3米、宽0.1米的长方形白色石刻，捐资建桥的席大宾很低调很内敛地将名字留在这个一般人不易看见的地方，以石刻楷书题："时建于明嘉靖壬子年邑人席大宾所建。"席大宾已经远去，人们却通过桥的存在，感受着造桥者当时的理想与抱负，感受着他将自己一生的激情寄予一方水土，一方民众，一条河流，然后苍然老去。我见过的很多古桥，建造者并不在桥身任何一枚石块上留下自己的名字，留给后人的只是无限的遐想和由衷的赞叹。浩瀚宇宙，辽阔苍穹，地球何其渺小，人生何其短暂，不计功名却被后人吟诵成百上千年，是一种什么样的伟岸。

桥面的坡度很平缓，石桥两侧的护栏用长方体红砂石砌筑为两层，无论是样式还是力学原理、美学理念，仍然对当代桥梁建筑产生着影响。小商贩依着护栏支起简易摊点，出售自家田地里收获的农产品。手推车一辆一辆地越过桥面，车里装载的蔬菜和瓜果，通过大桥延伸着生活的空间，使乡村与城市交融在一起。来来往往的行人每日从桥面上走过，形形色色的人间剧目在桥面上演。在百年的静默中，连接、遇合、到达，是大桥永恒的旋律。

❶ 岁月的磨砺

❷ 大桥应和着河水的流淌

2

印在纹理中的红色辉煌

圭山是尊严的王者，佛光笼罩的圭山寺寄托着渴盼神灵的期待。有土地可滋养种子，有圭山可造化胸怀，有雨露可滋养灵翼的村落，默默掩映在茂密林荫中。红色经典凝重地在岁月间穿行，在广袤地域留下它辉煌的印记。

不一般的老圭山

圭山，也叫龟山，因山峦形似大海龟隆起的脊背而得名，最高海拔 2601 米，是石林县最高峰，雄奇险秀的山峦，峰峦叠翠的绿荫，彝人称为“构波玛”，意为“大雁的山”，是阿诗玛文化的发源地。

山高地阔，气象万千的圭山山脉位于县境东南部，从陆良县和师宗县交界处进入石林县境，沿普拉河延伸到弥勒县中部，延绵两百多千米。奇峻的山峰尽可以在天边尽头与一阕牧歌相遇，但蜿蜒的走势却忽然改变了初衷。郁郁葱葱的树木花草犹如缀着各色鳞片的音乐盒，七彩缤纷，满目青翠。气流的屏障隔开了寒流，亚热带低纬高原山地气候令此地冬暖夏凉，四季如春。天空的蓝色像赐予圭山的绸缎，那些蜿蜒的山路延长了一场偶遇的渴盼遐思。路途中不断出现的小股溪流湮灭了隐秘的心思，在距离爱情最近的山坡上，空中

的温润气息朝我奔涌而来，芳草和树叶的味道令我浮想联翩。水流时隐时现，像肆意游荡的幽灵，瞬间可以失去踪迹。空山欲滴，这座森林覆盖达率百分之八十的山脉分布着多种多样的森林植被，多是受高原亚热带季风影响形成的半湿常绿阔叶林。还分布着古代可溶性碳酸盐沉积岩、石灰岩等发育形成的典型岩溶地貌，一道亮丽的回归自然的风景线，充满了被天地宠爱并接受的理由。

慷慨的大自然为圭山创造了诗和远方的全部意境，那日的阳光是我经历过的阳光中最最深情的记忆，山间细细如缕的凉风让我在春光明媚中荡开胸怀。

海拔两千六百米的主峰老圭山为全县最高峰，南北长十四千米，宽十千米，总面积三十二平方千米，系云岭山脉余脉。明代建

有土司城堡，清代建有圭镜寺，为附近各县居民朝拜的名山圣地。人们祭圭山有一个抹不去毁不掉的主题：祭奠祖灵，呼唤英雄。

每个传说都源于时间的脉络和想象力的切入点，伟大而神秘的历史节点造就了每一个传说的时间渊源，在这渊源之下，我循着历史的脉迹回到传说中的开始。这样一座奇峰叠嶂、层峦险秀的神奇大山，在特定历史时期成为革命圣地，似乎是历史的必然。

峰峦叠翠

革命烈士纪念碑

战旗猎猎

一方水土养一方人，老圭山自诞生之日起，大约就知晓自己的使命，也知晓自己的属性。从海平面拔地而起之际，它已然听见红色号角的遥遥召唤，知晓自己的使命中将裹挟“中国的井冈山，云南的老圭山”这一特殊标签。

圭山是云南红色革命的摇篮，是一片革命的沃土、一个民主的堡垒。在解放战争时期，无数革命志士紧跟时代潮流，在建立新中国的战场上抛头颅、洒热血。他们在播撒革命火种、创建革命武装的过程中，在建立红色根据地、建立人民政权的斗争中，舍生忘死，涌现出了以张炽、毕恒光等为代表的一大批革命先烈。在解放战争中，石林各族儿女踊跃参军、舍生忘死，为云南的解放事业立下了赫赫功勋。

老圭山素有“云南人民闹革命，圭山打响第一枪”

之盛誉，朱家璧这个响亮的名字，与圭山密不可分，骨肉相连。

解放战争年代，“边纵”司令朱家璧带领“边纵”小分队在圭山一带开展清匪反霸的游击战争，为云南的全面解放做出了积极的贡献。现圭山上埋有革命先辈朱家璧的部分骨灰，并设有革命烈士纪念碑，创作于这个时期的《圭山游击队歌》已家喻户晓。

1947 年冬，朱家璧按照省工委的指示回到云南，率领的部队到达圭山，与游击武装成立一支人民的军队，创建巩固了圭山革命根据地。他们血洒云贵战两广，旌旗所指跨越南北，1949 年改称中国人民解放军滇桂黔边纵队，简称“边纵”。1948 年初，他参与领导了路南圭山、弥勒西山起义，组建了云南人民游击武装主力部队：云南人民讨蒋自救军第一纵队，任司令员。在奔袭师宗、围攻丘北、攻克广南、南下桂西、河阳整训、转战开广等一系列战斗和军事行动中，他坚决贯彻党中央、中央分局和云南省工委、桂滇边工委的指示，表现了高度的党性原则。他英勇善战，身先士卒，和干部战士同甘共苦，为云南人民武装斗争的发展壮大做出了卓越贡献。1949 年 1 月，任桂滇黔“边纵”队副司令员。他率领边纵第三支队，跳出外线向滇北进军，配合滇北党组织开辟滇北新区，对昆明形成包围之势，有力地配合了盘江两岸的反围剿斗争，推动了云南武装斗争的发展。同年 7 月，任中共滇桂黔边区委员会执委和滇桂黔“边纵”队副司令员。他率部西进，调动敌军，迂回转战八千余里，打乱了敌军部署；为粉碎敌军西逃缅甸的企图，指挥炸毁了滇缅公路上的功果桥和惠通桥，切断了敌人向西逃窜的通道，开辟了腾龙新区。1949 年，他代表“边纵”两次与卢汉的代表会谈，宣传党的政策，争取卢汉走和平起义的道路，促进了云南地方实力派靠拢人民。在昆明保卫战中，他奉命率部驰援昆明，给起义部队以有力的支持和配合。1950 年春，他积极组织指挥“边纵”部队和部分起义部队配合野战军进行滇南战役，为云南各族人民的解放事业做出了重要贡献。

在老圭山东北坡，屹立着一座圭山革命纪念陵园，陵园由圭山革命烈士纪念碑、烈士纪念塔和朱家璧陵墓、部分革命家墓碑等组成，悼念功载《中国共产党革命英烈大典》的张炽、毕恒光等英雄，纪念三百多名烈士、三百多名离休干部，为中国人民的翻身解放做出的重大贡献。

圭山镇矣维哨村，将当年那段史诗展示在村里的墙壁上，村中至今仍存有当时使用的枪支、民众支援部队用的石磨、红军帽、水壶等物。

如今，革命烈士纪念塔、建军遗址纪念碑、朱家壁事迹碑、石林党史馆、圭山武装斗争纪念馆等红色资源，已成为远近闻名的红色教育基地，开展革命传统和爱国主义教育。

位于石林街道办事处的石林岔口老鹳窝和北大村两地，建有一座人民解放军烈士墓，是石林县缅怀先烈，进行爱国主义、革命传统教育的重要基地。1949 年 12 月 22 日，进攻昆明的国民党军第八军在宣告失败后向滇南败退。12 月 26 日，国民党陆军总部、警卫旅、第八军三师及两个宪兵团，企图从沾益、陆良经路南向开远、蒙自方向逃窜。中国人民解放军“边纵”二支队十三团、十四团、护三团奉命在陆良、路南交界处及北大村至小坡头一线伏击，战斗打响后，前来追击敌军的中国人民解放军二野五兵团十七军四十九师一四六团七连也投入战斗，最终国民党军成排成连地缴械投降。此战缴获了大量武器、车辆和物资，俘敌 3000 余人。在此次战斗中牺牲的 13 位一四六团战士，被安葬于石林岔路口老鹳窝和北大村。

大哨护三团烈士墓位于鹿阜街道办事处大哨村东南。1949 年 10 月下旬，路南护乡三团完成在弥路交界牵制敌人任务后，奉命向北转移到洪山活动。10 月 25 日、26 日，在宜、陆交通要道大哨村住宿休息时，护三团岗哨突然发现之前驻扎在陆良的国民党五七七团化装成便衣后，途经大哨前往宜良补充弹药。护三团二营营长撒建云迅速率领 40 余名战士占领大哨村东高地正面堵击敌人，并组织全营投入战斗，掩护一、三营及团部撤退。二营在与敌军的僵持中遭到包围，三营撤出后从东北面增援，最终在大哨人民的支援下，得以全团突围。在此次战斗中牺牲的罗光熙等 15 位护三团战士就地安葬在大哨村。

革命烈士纪念塔位于石林县城双龙山。1956 年，为缅怀在抗日战争、解放战争和巩固人民政权斗争中牺牲的烈士，路南县党政领导与各族各界人民代表商议建立“革命烈士纪念塔”，1957 年 12 月建成。塔体坐北朝南，高

11 米，由座基、叙文亭、塔峰三部分组成，白石灰石砌筑。塔峰南面镌“革命烈士纪念塔”七个大字，北面刻“永垂不朽”四个大字。碑文记述了 20 世纪 20 年代至 50 年代，历次革命战斗中革命先烈们的英雄事迹，是石林县规模最大的革命纪念建筑物。

毕恒光烈士革命活动旧址是一个重要的活动纪念地，位于长湖镇中心学校内，是解放战争时期中共地下党员毕恒光进行革命活动的遗址，是石林县进行爱国主义教育和革命传统教育的重要基地。1946 年 6 月，中共云南省工委派毕恒光到尾则村省立圭山小学，以教书为掩护开展地下革命活动。他在校内和附近村寨广泛培养革命骨干，建立了十多处革命据点和上级党组织联络交通站，组建了以毕文昌、黄仲先等为主的二百余人地下革命武装，参加“云南人民讨蒋自救军”。1948 年 8 月 12 日，在路南县城策反新兵大队起义中，毕恒光不幸遭到敌人逮捕。1949 年 1 月 22 日，被国民党反动当局杀害于昆明虹山，英勇就义，时年二十五岁。

❶ 圭山一支人民的军队雕塑

❷ 革命先烈

云南起义五棵树会谈旧址位于石林风景区原五棵树村。现存民国时期一座土木结构四合院建筑，由前厅、正房及左右耳房组成，占地231平方米。1949年初，云南省主席卢汉指派龙泽汇与中国人民解放军滇桂黔边纵队副司令员朱家璧联系，5月在寻甸磨盘寺举行第一次会谈。同年7月，双方又约定在石林县五棵树村进行第二次会谈。参加会谈的有卢汉的全权代表龙泽汇，"边纵"队副司令员朱家璧、政委郑敦、政治部主任张子斋、二支队司令何现龙等。会谈主要分析了全国形势，讨论了卢汉起义时机。会后不久，卢汉运送一批武器等物资到宜良交给"边纵"队，共计步枪1500余支、重机枪12挺、轻机枪120挺、子弹2万多发、银圆2万元。此次会谈使"边纵"队在政治、军事上争取了主动，为和平解放云南创造了有利条件，具有重要的历史研究价值。

额冲衣干部训练班旧址是重要历史事件和重要机构旧址，位于圭山镇额冲衣村。现存民国时期土木结构两栋建筑，坐北朝南，单檐悬山顶，占地828平方米。1949年2月14日，路南县工委在额冲衣村举办首届干部培训班，学员一百余人。培训班邀请中国人民解放军滇桂黔边纵队司令员庄田、政治部主任张子斋等领导做重要讲话，学习了党的"十大军事原则"、《反对自由主义》、《论游击战》等文献。"边纵"队警卫连做了近战、夜战等实地演习。经过四十多天的学习，学员们受到了一次较为系统的党的基本知识和政治理论教育。部分学员组成民运工作队，到圭山、洪山等地坚持"反扫荡"斗争，巩固革命根据地，部分学员被分到部队做政治工作。训练班为云南和平解放和建设事业培养了一批优秀的革命人才，该旧址具有重要的革命历史研究价值。

路南县临时人民政府成立旧址位于鹿阜街道办事处大北山村，现存一座清代四合五天井寺庙建筑和一栋民国土木建筑。该旧址是中国共产党在路南建立政权机构实施人民政权的机构旧址，具有较高的革命历史纪念意义和地方党史研究价值。1949年7月11日，路南县临时人民政府在这里召开第一次行政会议，出席会议的有毕江、蒋程高、赵佩兰、金德有、杨波、钟明等。会上，蒋程高宣读了滇桂黔边区临时人民行政专员公署的"训令"，任命蒋程高为路南县临时人民政府县长、赵体恭任仲裁委员会主任、

圭山革命纪念塔

张仁宝任民政科长、钟明任财经科长、赵佩兰任文教科长、金德有任军事科长，会议通过了“路南县临时人民政府施政纲领”。1949 年 7 月 12 日，路南县临时人民政府正式成立。

红色经典如同时光一样，凝重地在岁月间穿行，在石林这片广袤的地域留下它辉煌的印记。

神灵庇佑——圭山寺

老圭山的朴实、雄伟，已成为圭山地区彝族人骄傲的象征。高洁肃穆的圭山寺隐藏在老圭山的半山腰，群山葱茏，云雾缭绕，清静而幽深。

我站在古旧的寺庙门前，静静欣赏庙宇空间的浩渺和神秘。红色的围墙有些许斑驳，朱红大门紧闭着。单檐歇山顶，琉璃瓦是黄色的，佛教的黄，带着骄傲贵气的那种黄。飞阁保持微微上翘的姿态与斜扬的卷角，斗拱刷了醒目的蓝紫色油漆。汉白玉围栏安静守护着大殿，两侧相互对称的阁宇保持着相同角度的飞檐与翘角，与正殿一同背依青山，面朝山麓，一同拥抱前方的蓝天，一同拥抱山脚的村庄，以及前来朝拜祭祀的人们。这幢建筑显然深受汉族寺庙建筑的影响，同时又恪守了彝族民居的简约利落风格，形式简单利落，飞檐、斗拱、歇山极其简洁，既不夸张，也不奢华，更不烦琐。在建造艺术上没有丝毫惊艳之举，却在窗棂间、门楣处、大殿顶，处处散发着彝族人崇尚自然、敬畏神灵的切切情怀。

这座庙宇生存在古木巨树的环绕当中，生存于苍凉古朴的氛围里，自身便营造出一曲有别于其他寺庙的特殊旋律，草本植物特有的芬芳铺天漫地。这样的庄严肃穆，这样的仙灵之气，掠起佛光一片。这佛光在建造圭山寺之时便冉冉升起，从此再也没有落下。

传说很久以前，城里修建好一座大寺庙，只差一尊远方请来的大铜菩萨往上一安放，就可以举行落成典礼了。时值严寒隆冬季节，远方运来的铜菩萨途经圭山时下起鹅毛大雪，道路积满了冰雪。天寒地冻中人马行动十分艰难，到天黑才好不容易行至圭山北头，已是人困马乏。老圭山地势险要，深沟、狭壑众多，虽然大雪映得大地一片光亮，但是要想在大雪中继续赶路谈何容易？头领下令在圭山北头的牛车路上歇脚，人困马乏的他们塔起简单的帐篷，找来柴

1

①佛光一片

②清凉古朴

火燃火做饭，打算熬过大雪纷飞的今夜，明日天亮后继续赶路。

一路的颠簸奔袭使他们很快就进入了梦境。

第二天，天刚蒙蒙亮，领头就起来招呼众人收篷上路。万万没想到的是，铜菩萨居然不知去向！一时间众人惊慌失措，乱作一团。

头领最先镇定下来，独自去四周的雪地上细细查看，发现一双大得吓人的赤脚大印，从他们搭帐篷的地方，一直朝圭山山顶方向延伸……

这双赤脚大印让人们又放心又恐慌，放心的是菩萨有去向了，恐慌的是人怎么会有这样大的脚？一个人怎么能搬得动几十号人马才搬得动的铜菩萨？莫非遇到了怪物？

头领带领手下人顺着脚印去寻找铜菩萨。走啊走，大脚印终于停止于圭山半山腰的一片茂盛的森林前。进入森林一看，铜菩萨背靠怪石丛林，面朝太阳升起的方向，全身铺满一层白蒙蒙的雪，气定神闲安然端坐着！顺着菩萨眼神望去，前方风景秀丽，视线开阔，佛光笼罩，一派风水宝地景象。

他们想把菩萨往下搬运时，发现寸步难行。头领急忙派人回去禀告寺庙主人。那位主人是个虔诚的信徒，认定此乃神灵的有意安排。他即刻派工匠到此地修建寺庙，好生安置这尊菩萨。

佛光笼罩的圭山寺就此诞生。

在中国文化的隐喻里，凡与寺庙沾边的，都带着佛意。人们早就期待在这片奇峰叠嶂、层峦险秀的疆域看见佛光，他们相信前世，相信某种暗合的机缘。圭山寺的落成，如同连接起天域与人间的一条通道，人们的祈愿诉求可以通过它抵达神灵耳畔。从此以后，圭山寺香火旺盛，香客络绎。

庙宇正中一尊巨大的白色观音像俯瞰着万物众生，寺庙很多地方已经开始斑驳，大雄宝殿正在大规模修葺当中。这是世间万物的规则，植物或建造物都难逃或凋零或斑驳的命运，在时间的演变中，唯有心灵的声音不会斑驳。每逢朝拜祭祀日，村民们千里迢迢前来拜谒，老圭山冉冉的气息中回荡着菩提摇曳的梵音。那些袅袅飘荡的香烛传递出乡民祈祷祥瑞的气息，喃喃祈祷声在人们心中荡漾出一束天国的光泽。他们相信心愿是可以诉说的，神灵是可以用虔诚触摸到的。灵魂的祈祷之声从心底诞生，从生命最深处源发，冲过高山，划过天际，越过飞鸟，高过云翼，直达天庭。

云上人家——矣美堵村

灵性十足的村庄

驱车顺山路不断逶迤上行，绕过一个绿树掩映的弯道，赫然看见半山腰坐落着一个奇异的小村落，青瓦砖墙，桃花点点，错落有致，半遮半掩藏于云雾缭绕的老圭山半山腰。我不禁痴痴然，这荒野村落竟然有这如仙似画、灵性十足的飘忽之美！春色三分，诗韵七分，而邈远无数，如梦中的蓬莱仙居，迢迢的，在彼岸召唤。

这是石林县内海拔最高的村——矣美堵。脚步刚刚踏入这座村落，空气中立刻有了老圭山特定海拔、特定气候营造出来的特别气息。时值阳春三月，樱花正在盛开，大团大团重瓣的花朵绽放在最佳时机。它们不扎堆、不成林，散漫而零零星星的，一株

两株散布在房前屋后的院落里，斜倚斜靠在乡间小道边，一簇簇绽放在不经意的拐角处。我的视线与内心被它们一次次惊艳到，这高贵雅致的樱花，落户于昔日被称为“老少边穷高寒山区”的矣美堵，本身就带着强烈的戏剧性，冥冥之中铺设着某种隐喻。

作为石林县彝族支系彝青聚居的村寨，矣美堵享有一个诗意的美誉——“云上人家”。在村子里我遇见一个老乡。他五十开外，乐呵呵牵着自家的大黄牛，这牛才一岁不到就拥有一副高大威武的身躯，浑身长着油亮光泽的黄毛，唯独额头与鼻子相连着长了一片白毛，显得它英俊潇洒，仪表堂堂。大黄牛用温柔善意的眼神看着我，表现出一种很特别的友好。老乡把手里的牛绳递给我，大黄牛也就温温顺顺让我牵着，亦步亦趋跟随我的脚步，被我牵到樱花树下请同伴替我拍照。

老圭山是多种植物的摇篮，云南松、桤木、云南油杉、柏树、杉木、柳杉、野樱桃遍布满眼世界，高峻的地势与高山的气候让植物们在这一海拔尽情展露风姿。杜鹃花科植物灿烂绽放，视线可及之处有箭竹、野女贞、盐肤木、金丝桃、水红木、梁王茶、杨梅、南烛、水马桑、救军粮，每一种植物都在此拥有自己的位置，在这条山脉营造出人类无法营造的生态旋律，这旋律对我而言纯粹是一股香气缭绕的诱惑。又有一头雄壮的大黄牛气宇轩昂朝我走来，它比普通黄牛拥有更高大的身材，更健硕的骨架，神态间更有一种悠然超然。也许高峻的地势会造就不一样的胸怀吧，这里的牛羊都展现出与盆地牛羊不一样的气质，骨架和个头更远远超越同类，见到生人毫无畏惧，天真烂漫。

这座有土地可以滋养种子，有圭山可造化胸怀，有雨露可滋养灵翼的村落，很久以来不为人所知，默默掩映在茂密的林荫中，林中有村，村中即林。作为彝族支系彝青人的聚居地，全村只有四十户人家，一百三十余口人，地势高险，距离圭山集镇路途遥遥。茫茫无际的灌木丛布满山坡，丛中有诸多野古草、山芝麻、野牡丹、刺果藤、球兰，它们带着芬芳扑面而来。在山中行走，目光情不自禁沿着四季常绿的树枝攀缘上升，仰头或垂头就能感觉到植物群落生生不息的梦，很久以来我总是记不住各种花草树木的名字，今日在此，我却毫无障碍地一一记住了每一株草每一棵树的名字。那些名字或诗意，或妖娆，或哲理，或富含隐喻。丰腴的大地上还生长着上百种纳天地之精气的中草药，半夏、茯苓、草乌、重楼、龙胆草、野党参、芍药，它们在我的目光注视下风姿绰约、摇曳生辉。

蓬莱仙居

许多登山爱好者为登顶圭山主峰，将矣美堵村作为攀登圭山的中途驿站。连接村子与圭山山顶的登山栈道已开始动工，安静古朴的小客栈应运而生，矣美堵将慢慢演变为一座生态康体休闲的旅游村。

那顿午餐充满山野气息，至今仍回味无穷，念念不忘。会飞的土鸡有着鲜嫩无比的滋味，有着岁月沉淀滋味的老腊肉，黄灿灿的小炒土鸡蛋，鲜香劲道的圭山山羊，新鲜采摘的各种山茅野菜。一盘爆腌牛肉干巴一点都不咸，浓郁醇香的乳饼吃出满满幸福感。热情好客的老板娘敞开歌喉连唱三曲，将满杯自家酿制白酒一饮而尽。

若能偷得浮生半月闲，我一定来此安然小住，每日清晨迎着天壤之光，将歌喉和翅膀交给辽阔的天空，看候鸟们在乔木的身体上筑巢，体验它们在这里繁衍生息的快乐。我要占据森林，敞开胸怀，如鸟儿一般自由飞翔，让世界所有的旋律都让位于我在空中画出的弧线。

留在舌尖上的羁绊

经历太多世事变迁之后，心灵的晷仪已无法把控，而味蕾的品位却始终芳香。从石林乳饼到路南卤腐，从骨头参到石林汤锅，舌尖留下的是公认的记忆标准。

人生快意——堡子马肉

石林人心性自由，无拘无束，享受的是万顷石峰，千顷长湖，满桌马肉，一壶浊酒。只恨我来去匆匆终是过客，若不美美大快朵颐一餐绝味马肉，枉走石林一遭。

马肉以前是游牧民族经常食用的肉食，食马肉成为游牧民族性格当中的一部分，在我国已有五千多年的食用史。但马肉在煮或炒的过程当中会有泡沫产生，且会发出恶臭，不是每个大厨都有信心驾驭马肉的，也不是每个食客都喜欢马肉的味道。

食用马肉的习俗一定是屯兵驻军时代沿袭下来的，却无法知晓烹饪技术经历了怎样的跌宕演绎，终究成为石林地区一道著名而特色的美味佳肴。堡子村以烹调马肉的高超技艺远近闻名，清汤马肉、马板肠、卤马肉、小炒马肉、马肉干巴、黄焖马肉、剁炒马肉、马肉凉片……它们荟萃成一幕涵盖马肉全席的饕餮大戏。慕名而来的食客，本地人带来的客人，自己找来

❶ 马肉全席

❷ 远近闻名的堡子村

的旅者，无不对肉质劲道的马肉啧啧称赞，无不奔走相告邀约吃友再度造访。

除了滋味丰富，马肉还具有不可估量的营养价值，肉质甘酸，性寒，含有丰富的蛋白质、维生素及钙、磷、铁、镁、锌、硒等矿物质，具有恢复肝脏机能的功效，能防止贫血，促进血液循环，预防动脉硬化，增强人体免疫力。以炖、炒、煎、炸、卤等烹调手法炮制而成的马肉，令人对肉食的认识产生新的解读，吃得乐不思蜀。

马肉佐酒是绝配，人归于酒，美食归于酒，人生快意归于酒的热烈，当不可辜负。

佐酒绝配——路南乳饼

一段时间不吃石林乳饼，会念叨。尤其斟一杯彝族苦荞酒，若有乳饼搭配一旁，醇香立刻绽放到极致。

彝族牧人长期赶着羊群到水草丰盛的地方去放牧，由于远离村镇，每天都要把吃不完的雪白羊奶倒掉。一位年轻聪明的牧人，眼看琼浆玉液般的羊奶倾倒于地，心中十分惋惜。他从邻居制作豆腐的方法中得到启示，反复思索反复实践，最终创制出用酸浆点羊奶制作乳饼的绝招，绝妙的乳饼由此诞生。这样的乳饼色白如豆腐，奶香飘溢，食之嫩滑爽口，深得人们喜爱，一代一代流传了下来。

味道鲜美

乳饼渐渐成为云南彝族的传统食品，其中以石林彝族自治县的乳饼最为正宗，以石林乳饼的称号名冠天下。圭山、维则、亩竹箐、西街口等地，盛产驰名中外的乳饼。正宗乳饼一定是选用新鲜羊奶作为原材料，煮沸后加入食用酸，待凝固后加压制成块状。制作乳饼的羊奶损耗很大，五千克奶方可制一千克乳饼。

一块出身高贵、血统正宗的乳饼，绝对拥有独特的规格与品相。身长 25~30 厘米、宽 10~12 厘米，呈斜长扇形，两扇叠套在一起，称为“一对”。优质乳饼色白略带黄色，表面有油质但无酸味。民间将乳饼放入罐内密封，存放半年都不变质。

乳饼不仅味道鲜美，而且营养丰富，食用方便。它可加工烹制成各种美味菜肴，吃法也不尽相同。有人喜欢生吃，有人喜欢炸着吃，有人喜欢蒸着吃，几乎没人能抵御它那阳光般浓郁的味道。云南人的餐桌上总少不了乳饼的身影，蒸、煎、炸、炒，就是这么任性。“青豆米烩乳饼”是回族的传统菜肴，“乳饼夹火腿”又是云南汉族的传统菜肴，普通人家喜欢“水煎乳饼”，吃其本味。若切成片与火腿片相间而蒸，即制成闻名遐迩的云腿乳饼。

郭沫若在其《孔雀胆》附录《昆明景物》中写道：“邓川乳扇与路南（今石林）乳饼，均云南名产，为羊奶所制，素食妙品也。甜食咸食均可。”

四时之气——大可枇杷

一种不可混淆的滋味在舌尖流转，一份情绪同时蔓延开来。那气息从心里泛出，糅合着阳光和土壤的味道，醇厚而馥郁。关于美好生活的安然陶然，在一颗大可枇杷的丰富滋味里，一点一点荡漾开去。

枇杷又名芦橘、金丸、炎果、焦子或芦枝，属蔷薇科里的枇杷属植物，厚而有茸毛，树高三五米，叶子大而长，呈长椭圆形，因状如琵琶乐器，故而得此颇具艺术气质的名字。它的花为白色或淡黄色，有五块花瓣，直径约两厘米，以五至十朵成一束，可以作为蜜源作物，还可入药。

枇杷与大部分果树不同，秋天或初冬开花，春天至初夏成熟，比其他水果都早，被称为“果木中独备四时之气者”。石林大可乡的枇杷反其道而行之，成为独树一帜的反季枇杷。

大可乡地属高原浅丘地貌，拥有含钾量高的红、紫土壤环境，以及昼夜温差大的特点，枇杷在 10 月至次年二三月成熟，

❶

加之施用农家肥栽种枇杷，采取原生态管理方法，十分有利于枇杷大量糖分积累，造就了大可枇杷结出的果肉，具备柔软多汁、酸甜适度、味道鲜美的口感。于是，出众的口感成为大可枇杷在市场上供不应求的秘籍，且有效填补了冬季水果市场新鲜水果较少的空白。

“大可枇杷”在国家商标局申报成功地理标志证明商标，枇杷中含有丰富的维生素、白芦梨醇等营养元素，具有祛痰止咳、生津润肺、清热健脾的药用及保健功效。

既香且肥——圭山山羊

野味之逊于家味者，以其不能尽肥；家味之逊于野味者，以其不能有香也。家味之肥，肥于不自觅食而安享其成；野味之香，香于草木为家而行止自若。是知丰衣美食，逸处安居，肥人之事也；流水，高山，奇花异木，香人之物也。

李渔的观点很有说服力，但圭山山羊却是一个骄傲自豪的例外。它游走于圭山水草丰盛之地，漫步于青青草地与广袤灌木丛林，骨架强健，体躯丰满近于长方形，头小额宽，耳大灵活不下垂，吃的是百种灵草，喝的是山间泉水，集家味之肥与野味之香于一身，是美食家们最为青睐的羊。长期以来，这种鼻直眼大有神、颈扁浅鬐甲高的羊，迎合了既追求健康又追求美味的食客的全部理念。

石林县为亚热带地区，地势东北高、南部低，由东北向西南倾斜。南盘江普拉河、巴江经县境内由东北流向西南，大多数地区属河谷地带。圭山山羊分布在海拔 1800~2400 米之间，这个地区东部是地面起伏和缓的圭山高原，西部是土肥水好的巴江溶蚀坝子，中部是林立岩溶山，兼有亚热带森林气候特点。游牧于此的圭山山羊善于攀食灌木，专挑嫩叶枝芽，耐粗

❶ 果木中独备四时之气者

❷ 古朴浓郁的山野味道

1

2

饲的能力亦很强。它们胸宽而深且长，背腰平直，腹大充实，尻部稍斜，四肢结实，坚实的四蹄呈黑色，不论是外形还是肉质，皆不同于其他任何地方的山羊。

它们既产肉又产乳，属乳肉兼用的地方品种，抗逆性强，发病少。“圭山山羊”农产品地理标志公共标识，已成为全国闻名的品牌形象。

羊肉是令人喜爱的美味佳肴，圭山山羊因为体质结实，行动灵活，游牧或定牧均可，所以具备了其他山羊所没有的鲜香。烹制而成的各种菜肴，清汤、黄焖、爆炒、冷片、粉蒸、涮火锅，肉质鲜嫩，滋味醇厚，香气扑鼻。

最招揽食客慕名而来的，是全羊汤锅。

全羊汤锅，重在一个“全”字。羊肉集百草精华，汤锅荟萃羊身之宝开始一场味觉盛宴。煮汤锅要用特制的汤锅灶——选择三十度左

右的斜坡上挖个比铁锅口稍小，深半米左右的圆形坑，再在下方开一道火门，用以加柴火。然后将铁锅置于其上，在火门的对面靠锅口处开一小孔作为烟囱，一眼地道的汤锅灶就造成了。用这种灶煮制的羊肉汤锅，比之酒楼、餐馆里的羊肉火锅，自有一种古朴、浓郁的山野气氛。特殊的煮法是全羊汤锅的关键所在。宰杀后的山羊，先用开水烫煺毛，再用柴火烤黄刮洗干净，剖肚翻肠洗净，用火燎去羊头、羊脚皮毛，在炭火上烤黄后用锤锤碎内骨，羊肉则划拉成几大块，连骨带肉用水漂，连羊油、羊头、羊脚、羊排、羊内脏等各部件放在一起煮，熟透捞出，再将大块切成小块回锅续熬，直至肉离骨为熟。水一次性放够，火不能空断，以保持全羊本味。熬制时间跟山羊大小，年龄有关，快熟时放入羊血、肚杂，起锅时盆底放入葱花、香菜，一锅正宗的全羊汤锅就算大功告成。

全羊汤锅的优势在于融合羊身各个部位，取长补短，这是全羊汤锅中的“全”字含义所在。这种吃法无膻味，汤白、味浓、肉香，且营养丰富。羊肉基本都是当天宰杀，味道新鲜。羊肉的香，羊肚的脆，羊血的嫩，羊蹄的韧，全身的宝，混到一块，让人大饱口福。

汤锅所用的蘸水碟，以胡椒、辣椒为主料，加入盐、薄荷、芫荽及葱、姜、蒜、花椒油后，用羊肉汤调制而成，带皮特香的羊肉蘸着吃，辣而微麻，鲜香醇厚。

❶ 香于草木为家而行止自若

❷ 集家味之肥与野味之香于一身

❸ 撒尼人的全羊汤锅

甜香馥郁——石林人参果

小时候看过《西游记》的人肯定都记得“人参果”，这个东西是“三千年一开花，三千年一结果，再三千年方得成熟”。孙悟空推倒了人参果树，之后求助观音大士救活了人参果树，镇元大仙也和孙悟空结为兄弟，所以在多数人眼中，人参果就是一种能够让人

❶人参果全宴

❷生吃人参果

延年益寿的仙丹。而石林的人参果与市场上销售的用娃娃模具做出来的人参果不同，石林人参果又名长寿果，原产南美洲安第斯山脉北麓，属茄科类多年生双子叶草本植物，是一种高营养水果，具有高蛋白、低脂肪、低糖等特点，含有硒、硼、钙、镁等 11 种微量元素，尤其是硒含量是普通水果的 110 倍，有生津止渴、补脾健胃、调经活血、抗癌、防衰老、降血压、降血糖、美容等功效，被誉为"生命火种"和"果中瑰宝"。

石林人参果的外形酷似椭圆形的心脏，成熟的人参果外皮呈金黄色，中间带有紫色的竖行条纹，正常人参果的大小一个成年人的手掌刚好可以握住。将人参果切开之后可以看见诱人的金黄色果肉，一口咬下去口感脆爽，软软糯糯的，感觉很香甜，不酸不涩、果味馥郁，丰富的汁水真的能让人的口中充满甘甜的回味。人参果的食用方法有多种，比较常见的是直接当水果食用。人参果的果肉是让人非常有食欲的金黄色，一口咬下去，口感丝滑，爽口多汁。人参果的果皮具有极高的营养价值，为了保证营养，可以带皮食用。其他食用方法还有凉拌人参果、人参果炒肉和清炖人参果等，味道也很不错。

人参果喜温热而不耐高温，对种植的地理环境和气候有较高的要求，石林属亚热带低纬度高原山地季风气候，具有"冬无严寒、夏无酷暑、四

人参果长势较好

季如春”的特点，水源、土壤无污染，地势高，昼夜温差大，光照充足，符合人参果生长的苛刻条件。沙泥土质种出来的人参果，纯天然、色泽美、产量高，是云南出口量多的招牌特产之一，受到全国各地养生朋友的青睐。

细腻柔滑——路南卤腐

是石林卤腐给食客提供了悠长的回味，还是食客的味蕾感知了它内蕴的独特之美？从二百年前开始，春去冬回中蕴藏了多少石林卤腐的美妙滋味，无数人追捧、品尝、传颂着它，绵延至今。

巴江水发源于石林县境内的黑龙潭，水质极佳，清澈透明。以巴江水制作而成的豆腐，色泽红黄，富有弹性，细腻润滑，入口即化。孟家卤腐源于清光绪五年（1879年），是石林响当当的老字号，新中国成立前就被评为“石林三宝”之一。选料精细，制作考究，一直采用作坊式生产，严格遵守祖传工艺经过两次发酵，历时一百天方可成品出售。

黑龙潭泉水对产品质量关系甚重，是卤腐品质的灵魂。当地人采用此水制作的豆腐，品质甚佳，风味独特。他们精选原料，研磨细致，完全煮透豆浆……当地人对卤腐生产的每一个环节都无比较真。生浆过滤时要将豆渣完全滤去，不然会影响细腻的口感。沸浆的时间和点浆量的把握也极为重要。做好的豆花倒进压框要滤水数小时后才能成豆腐，不过豆腐只是卤腐的前身。豆腐要放在屋里风干，两天后再放在太阳底下晾晒，还要垫上清洗晾晒过的稻草，这有助于豆腐发酵。发酵中的豆腐隔一至二天翻晒一次，翻三至四次就可以腌制了。腌制卤腐时，按照比例称取辣椒粉和食盐，再进行混合。配取白酒后将豆腐和作料混匀，装到陶罐后封严。一个月和四个月之后打开各加一次白酒，腌制半年才能制成卤腐。更重要的是，只有在这高原的阳光和温度下才腌得出这独有的高原风味。

卤腐一般是冬产、春贮、夏销，其味道复杂而微妙。石林卤腐因使用

龙潭水而品质极佳，色呈红黄色，香辣可口，入口化渣，是云南省著名的酱菜品种，是色、香、味俱全的佐餐佳品。用来佐粥或制作各种调味汁，香鲜的味道和细腻的口感能创造出丰富的味觉效果。作为配角，那独特的风味总会使得与之配合的其他食物相得益彰、别有滋味。

用酸水而非石膏制作的石林卤腐主要分为两个品种：酒卤腐和油卤腐，两种卤腐都具有色美味鲜的特点，人尝人爱。由于配料的不同，两种卤腐又各具特色，味道不凡。酒卤腐是在豆腐中掺入酒、辣椒粉、盐等配料制作而成。成品鲜红艳丽，味鲜回甜，创始于清嘉庆五年（1800年）前后。在豆腐中掺入菜油、盐等配料的称为油卤腐，口感细腻无渣，清香可口。两种卤腐都具有色美味香的特点，各具特色，味道不凡，人尝人爱。

菌之翘楚——鸡㙡

在石林人的心目中，鸡㙡菌是野生菌之翘楚，是本地出产的最为美味而富有营养的菌类食品。

清炒是最好的，恰到好处的甘甜和清香，加上适度的纤维感，传达出难以言喻的鲜甜味，再配合弹性适中的质感，嚼来津津有味，满口余香。清代大学者赵翼写下他食用鸡㙡菌后的感想："老饕惊叹得未有，异哉此鸡是何族？无骨乃有皮，无血乃有肉，鲜于锦雉膏，腴于锦雀腹。"——他把鸡㙡菌与鲜香无比的野鸡肉相比，最终得出了鸡㙡菌比

美味卤腐

野鸡肉更加美味的结论。

石林县境内的鸡纵种类较多，包括黑皮、青皮、草皮、白皮等各种，并具有体肥、脆嫩、清香、鲜甜等特性。鸡纵菌用来炖鸡是一道无与伦比的美味菜肴，肥美的鸡肉和鲜美的鸡纵菌，两种绝妙食材的相互提携，可谓珠联璧合、相映成趣。配以最简单的作料，小火慢炖数小时，汤色清澈而香气四溢，那种甘美只有亲自品尝过才能深有体会。不仅鲜美，而且微妙。

为了长期保存，聪明的石林人将鸡纵菌制作成油炸鸡纵。制作方法是，将核桃油或菜油放入锅中烧热，并放入花椒、干辣椒，然后倒入鸡纵进行翻炒煎炸，至鸡纵颜色变褐后即可出锅，然后用原油浸泡，入瓶封装。日后用来作为面条、米线的作料，或者蒸制鸡蛋羹，顿生画龙点睛之惊艳感。油炸鸡纵不仅是一种众口喜爱的美味佳肴，还具备保存长久、携带方便的特点。

独步天下——皮肝生和骨头糁

每逢春节，撒尼人山寨喜气洋洋，家家户户忙杀猪过节。杀猪菜中最出名的两个明星菜，当数皮肝生与骨头糁。

三个人，一整天时间，才能炮制出皮肝生这道彝族美食，堪称食不厌精的典范。

刚从猪身上割下来的生猪肝，趁着新鲜将其剁成泥浆状，再将姜、蒜、葱、八角、辣椒剁成相同细粒，倒入剁好的生肝中，加入盐巴、味精，搅拌均匀，放到室外，在冷空气中腌制几分钟便可完成。看似简单的工序，实践起来并没有想象中那么简单。做皮肝生是一项耗时耗力的活儿，最最关键之处在于剁这道工序中，块状的肝要剁成浆，至少需要持续三个多小时，在此期间需三个人轮番作战，直到满意为止。撒尼人尊重传统和先辈留下的手艺，彝族美食只有在双手的加工中才能呈现出它独特的味道，机械是不能替代的。

骨头糁

色彩和口味的融合，造就了皮肝生的明星范儿。皮肝生是一款可遇不可求的高贵菜肴，无法预约，唯有偶遇。但凡醉心于皮肝生的美食家，不能期许，只能邂逅，这更为它抹上一层神秘的色彩。

骨头糁，则是石林撒尼人一年四季天天食用的传统咸菜，具有浓郁的民族风味。

杀猪之后剩余的骨头、肚杂、油渣等，被撒尼人用

扎骨刀剁成粉白色细碎末状。他们在碎末中适量加入姜、葱、蒜、辣椒粉、苞谷酒、精盐等配料，搅拌揉匀，装入陶瓷罐腌制。耐心等待半月之后，名扬天下的骨头鲊就制作好了。

骨头鲊滋味鲜美，香、酸、甜、辣、咸各味兼具，既是佐餐下饭的绝品，又是富含钙质、脂肪、蛋白质等营养的美味品。蒸、煮、炒、炖、凉等食用皆宜，鲜香爽口，美味无穷。因其含有钙和多种丰富的营养物质，经常食用，有补钙强体的作用。

彝族土八碗

来到石林，不大吃一顿极富民族特色的土八碗，实乃人生一大憾事。

土八碗由清汤羊肉、黄焖土鸡、彝族土鸡蛋、腊肉、石林乳饼、酸菜洋芋汤、水煮嫩豆腐、荞粑粑蘸蜂蜜组成，朴实无华却

❶ 皮肝生
❷ 清汤羊肉
❸ 黄焖鸡

八大碗

食之难忘。风味与鲜美才是一桌佳肴的精华所在，豪华餐具、造作摆盘、过分花饰不过是空洞的噱头。

清汤羊肉又称一锅香，撒尼语称“柒号饯”，选用被誉为云南省“六大名羊”之首的石林圭山黑山羊为食材。山羊吃百草，食其有百味，全羊一锅熬，鲜美味齐全。清汤羊肉质细嫩，香而不膻，其独特风味就在于此。食用时配上一碗柴火烧制的煳辣椒粉、花椒粉、葱花、芫荽、薄荷等作料调制的蘸水，肉嫩皮脆，味鲜质优的口感让人欲罢不能。

黄焖土鸡采用自然放养的土鸡为食材，加入干辣椒、花椒、草果、八角、腊肉等大火爆炒后，以柴火慢炖而成。彝族土鸡个体较小，行动灵便，常年栖息在高树枝上，会飞行。它们肉香而不易煮烂，嚼劲十足，唇齿生香。

彝族土鸡蛋产自自然放养的土鸡，品质纯正，色泽金黄，口感醇厚，只需一勺猪油和一点食盐，无须再加其他作料，大火炒制便是一道美味佳品。在彝族撒尼人家，节庆或待客都要吃土鸡蛋，寓意为祝愿家人亲朋好友身体健康、一帆风顺、平平安安。

石林彝族有过年杀年猪的传统习俗，山区气候凉爽，适宜腊肉的腌制，猪肉用盐腌制后挂在房梁上，常年不坏。这样制成的腊肉没有烟熏味，清香可口，油而不腻。切片佐以辣椒、葱段、姜丝，大火炒制，肥肉黄，瘦肉红，色香味俱全。最传统的吃法是将腊肉切成厚片，与当地自产的老红豆一起用柴火慢炖至熟透，一碗腊肉炖红豆就成了。腊肉中有红豆的清甜，红豆中带着腊肉的香醇，是极好的待客佳肴。

石林乳饼以圭山黑山羊奶为原料精制而成，做法多样，可煎、蒸、煮、烤、炒。常见菜品有乳饼炒肉、清蒸火腿夹乳饼、锅贴乳饼、鸡烩乳饼、青豆烩乳饼等，最具代表性的是椒香乳饼。将乳饼切成片，一勺自榨菜籽油即可激发乳饼的醇香，上桌前撒上食盐和花椒粉，香味醉倒多少食客。

石林多为山区、半山区，这里种不出水稻，山区彝族人早年多以洋芋为主食，于是智慧的彝族阿诗玛创造出多种多样的烹饪洋芋的方法，老少皆宜，百吃不厌。为了一年四季有蔬菜可吃，撒尼人每家每户都有将时鲜蔬菜腌制成酸菜的习惯。浓郁的酸菜与醇厚的洋芋从此成就了一道美食——酸菜洋芋汤。于是酸菜洋芋汤便成为每家每户随时备有的家常菜，可随到随吃。在每年的 7 月至次年 3 月，还可在酸菜洋芋汤中，加入从山上挖回来的新鲜小野蒜，味道更是鲜美无比。如果运气好，挖小野蒜的同时捡到几朵谷黄菌加进去一起煮，那味道更叫一绝。石林人称它为“天下第一汤”，可见人们对酸菜洋芋汤的钟爱程度。

巴江水特有的甘甜水质铸就了名扬天下的石林卤腐，而彝族人更钟情于卤腐的最初形态——嫩豆腐。将刚收获的黄豆经太阳暴晒后用水泡发，一勺勺舀入石磨，随着水牛推动石磨的嘎吱声，乳白色的豆浆从石磨周围滴下，汇集到石缸里。勤劳的彝族阿黑哥从山上搬回枯柴，阿诗玛便开始了制作豆腐的神奇旅程。磨好的豆浆经过熬煮、过滤、点石膏、压榨几个过程后，洁白鲜嫩的豆腐便呈现在人们面前。一碗水煮嫩豆腐无须调料，其原味就足以捕获爱它的食客的味蕾。

荞粑粑蘸蜂蜜是石林特有的彝族特色小吃，是采用本地荞麦为食材制作的一道面点小吃。荞麦是石林山区常见的农作物，纤维含量高，口感粗粝而味微苦，营养丰富。将荞麦磨成粉，加上适量的清水，拌匀后用小火煎成饼，即为荞粑粑。聪明的彝族人在食用时蘸上一些野生蜂蜜，又香又甜，完全中和了荞麦的苦味，让人食之难忘。

石林汤锅

来到彝乡，唯有大吃一顿彝乡牛汤锅，才算不虚此行。

牛汤锅是一款可追溯到数千年前，最原始、最生态的牛肉火锅 。那是彝族的祖先们在一次森林山火中，偶然发现野牛肉掉入开水沸腾着的石臼里，被开水煮过一段时间后，居然如此的鲜香美味！那就是最古老的火锅雏形。经过世代相传，彝乡沿袭祖先的火锅精髓，研制出了彝乡牛汤锅，堪称真正的原生态牛肉汤锅。

他们先以牛肉、牛骨用大火熬制成一锅黑里透黄的浓汤，然后把牛的肝、肺、肠、肚等牛杂碎，和柑子叶、花椒叶、天辣子、生姜及没切过的大蒜等作料先后倒入锅里，牛杂碎和各种作料在滚沸的汤里互相角逐，飘来荡去。不一会儿，食客们就可用一尺五六的竹筷在锅里直接叉来拈去，无拘无束地大快朵颐了。彝族人的汤锅烹饪技术极好，牛肉的香嫩醇厚，配以各种不同种类的蔬菜炮制出的汤又鲜又营养。有些地方会在牛汤锅里加入羊肉、狗肉、驴肉等。各种肉炖得恰到好处，不硬不软，无膻味，无腥味，更无怪异味，色、香、味俱全，使人食后回味无穷。牛汤锅有舒筋活血，驱赶风寒，上下通气，有病治病，无病健身之说。

最具价值的，还是让食客领略一回粗犷朴实的汤锅文化，饱了口福、眼福，也饱了心福。

野趣盛宴

舒缓的生活需要时间才得以缓慢实现，而撒尼人，则将慢节奏生活的理念，成功贯彻在每日的餐食上。在空间区划上，撒尼人的日常饮食无厨房、餐厅之划分，在火塘边摆放一张桌子，就完成了厨房和餐厅的混用。自然野趣的香味，融合进灿灿阳光的味道，暖暖的、香香的。

苞谷粑粑、荞粑粑蘸蜂蜜是他们的主食之一，物产主要来自山上采摘的野菜，如蘑菇、棠梨花、蕨菜、青刺尖等。他们还耕种土豆、青菜、白菜、莲花白、白萝卜、胡萝卜等。肉食主要是宰杀完年猪后腌制的腊肉，这不仅仅是一年的主要肉食，还是宴请和祭祀活动中的随礼。将猪的排骨、油渣、肚杂剁成细末，加入适量的姜、葱、蒜、花椒、草果、八角、辣椒、苞谷酒、食盐等配料搅拌均匀，装入陶罐腌制半月之后，制作成常年食用的骨头㸆。村民上山野炊，养羊人将山羊奶煮热加酸卤水点制成乳饼，与火腿蒸制成火腿乳饼。用酸水而非石膏制作的石林卤腐也是他们的常备菜品。

1

2

3

1 腊肉炖红豆
2 荞粑粑蘸蜂蜜
3 炒土鸡蛋

❶ 各种肉炖得恰到好处

❷ 饱口福也饱心福

❸ 牛肉香嫩醇厚

一名有追求的食客来到石林，必定要去到野核桃树村，先领略一番原始的自然风光，然后视听濒临失传的《沙囡玛》《竹叶长青》等撒尼舞台剧，边观赏叉舞、霸王鞭舞，边品尝野核桃汁、野核桃油、刺五加、面蒿粑粑、野核桃花、野核桃花蜜，然后吃一餐撒尼盛宴。宴席中必不可少的是老肥肉，选材必须是肥瘦相间的肉，先用柴锅熬制，再切成小块，继续文火慢炖，待肉里面的油慢慢渗出，肉色变得匀透，肥肉的油腻已经被煮得香酥，瘦肉筋道弹牙，肥瘦相宜，肉嫩汁多，吃起来肥而不腻，蘸上撒尼人称为万能的"阿诗玛蘸水"，一道美味可口的美食顿时滋润心田。

有彝族居住的山区、半山区，随处可见树上、架子上、苞谷秆上、房前屋后爬满了南瓜的藤蔓，到了收获的季节，一个个金黄色的老南瓜悠闲地躺在田间地头。勤劳的彝族人用牛车满满地拉回一车，可以从年头吃到年尾。但凡有客人来到家中，彝族人便会端出一大碗金灿灿的清水煮老南瓜，这是在告诉客人，今年我们大丰收了，并把这丰收的喜悦也传给客人。清煮老南瓜不但制作简单，而且味道香甜不腻，营养丰富，深受大家喜爱。

最原生态的牛汤锅

将彝族自制的苞谷疙瘩饭、荞麦疙瘩饭、大麦疙瘩饭、大米饭

混在一起，加入自己腌制的咸菜骨头糁、卤腐、酸菜、豆豉、小野蒜等，多寡随意，拌均匀后用手抓着吃，吃的乐趣大于食物味道本身，体验过一次后就欲罢不能。

彝族自制的苞谷酒和苦荞酒，几碗过后让人唇齿留香，回味悠长。饭后美丽的阿诗玛会应时节摆上阿着底苹果、雪莲果、甜柿、鸡嗉子果等水果，让客人体会一场不一样的山野味道。

❶ 舒缓的生活

❷ 吃块肥肉才圆满

文化韵·石林

SHILIN

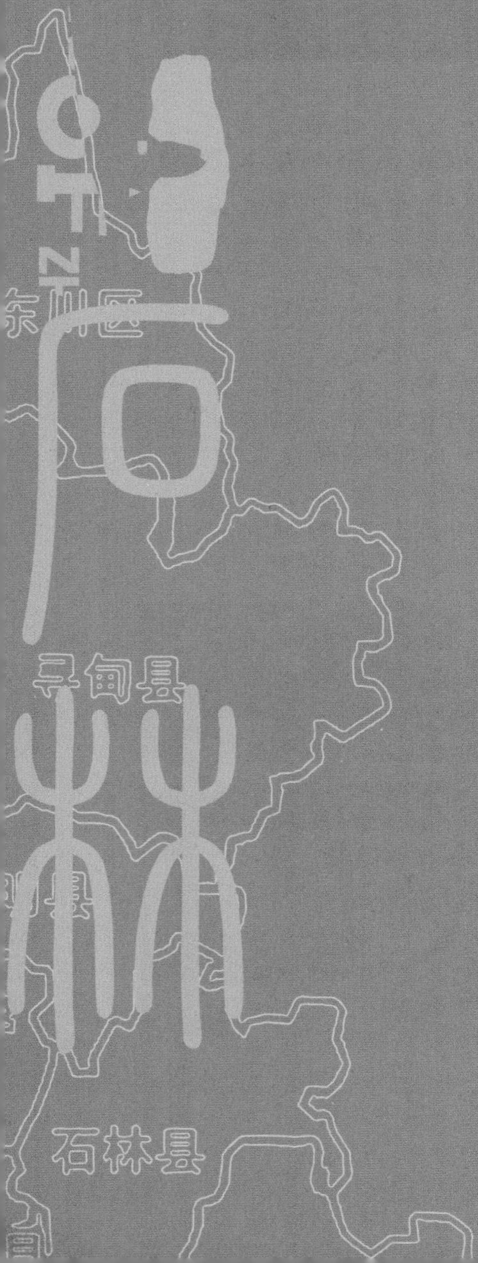

第三章
典藏的民俗风情

历史永远具有不可逾越和不可忽略的象征性，所有的瞬间是同一个瞬间，所有的启示是同一个启示，所有的归宿是同一个归宿。仿如伫立不动的沙漏，永远找不到它的完整。所有的讲述即是文化的出发点，也是最终的归宿点。

蜚声四海的非遗国宝

回到远古时代，回到奇峰林立的原始山野，那些石头以悲壮的、抒情的、刺破青天的、纵横出世的、舞姿弥漫的、盛满灵魂的姿态耸立，巨大的石峰组合成震撼世界的传颂史诗，崇山峻岭中满是对阿诗玛的深情呼唤。

闻名世界的彝族撒尼人美神阿诗玛，傲然挺立于奇峰林立的石林原野，她头戴包头身背竹篓，婀娜拔节昂首远眺。尽管隔着传说之桥，她依然真实可信，完全没有故事人物的虚幻和缥缈。当人们沿着史诗的轨迹去探寻阿诗玛时，亭亭玉立的石峰深深融入内心，使人们滋生出永恒的怀想。她在传说中成长，也在传说之外成长。因为拥有阿诗玛神一般的存在，石林从一个简单的地名得以图腾般的升华，聚焦了全世界的眼光，获得渊源的脉络和永恒的演绎。

《阿诗玛》用彝族支系撒尼语口传诗体语言和叙事曲调来讲述“阿诗玛”的故事，刻画了阿诗玛和阿黑不屈不挠同强权势力做斗争，最后变成了群山中的“回声”和石林中的“石峰”，把美丽留给人间的故事。表明了光明终将战胜黑暗，善美终将战胜邪恶，自由终将战胜压迫；反映了彝族支系撒尼人“断得弯不得”的民族性格和民族精神。在撒尼人的心目中，阿诗玛和阿黑分别是美丽和英雄的象征。

世代生活在石林地域上的彝族人，千百年来与石头朝夕相处、

每一座岩石都是阿诗玛的化身

相依相伴，产生了对岩崖的崇拜，岩崖“神斯里”成为献祭的对象，成为被敬畏的神秘力量。对美好婚姻的憧憬，对现实状态的觉醒与抗争，对岩神、崖神的崇拜与敬畏，沉淀出一部蜚声中外的叙事长诗《阿诗玛》。用撒尼语创作的原生态《阿诗玛》妩媚而灵动，鲜活而典雅，萦绕着追求爱情，渴望自由的诉求，既脆弱又充满斗志，既婉转又富含哲理。它脍炙人口，在民间广为传唱，激活了沉睡亿万年的石林，蕴含的文学与艺术灵魂，让石林焕发出青春的活力。

石林只是圭山的大门，由此盘旋而上，进到那满目苍翠的圭山深处，更是阿诗玛无时不在、无处不在的地方。每一座岩石都是阿诗玛

的化身，无论走到哪里，都可以见到撒尼人远远地对着岩石，深情地呼唤阿诗玛。无论是白天还是夜晚，不管是行走在山间小道上，还是驻足于街市村寨，总会有悠悠的歌声传进耳鼓，那是撒尼人在讴歌阿诗玛，礼仪场合就更离不开她。在《阿诗玛》的故乡，在撒尼人的心里，阿诗玛已不是虚构的艺术形象，而是生活的伴侣，可触可摸，呼吸与共。

作为一部博大精深的艺术作品，文字符号游刃在抒情的叙事当中，犹如矿床在时空作用下形成社会历史内涵的富矿，等待后人进一步采摘、挖掘。无论是从文学角度还是从人文角度，依然有着可供专家深入研究的空间。

这颗光彩四溢的明珠，是撒尼人在漫长的历史征程中，用智慧培育出来，以心血灌注出来的。它伴随着勤劳的撒尼人一起成长，给了撒尼人以无限的滋养，如影随形般参与到撒尼人生活的方方面面之中。《阿诗玛》紧紧围绕着性格鲜明的人物形象来抒发感情，叙述事件，从头至尾充满了深厚的感情，不但拥有自己鲜明的特征，更闪烁着特别的光彩。这种感情不像一般的抒情诗直接抒发，而是凭借日常生活中具有象征性的具体事物，在叙述事件中形象地表达出来，成功地塑造出鲜活的人物形象。它在抒情、叙事中写人，在写人时，又无处不抒情、叙事，抒情、叙事、写人，浑然一体，达到完美的统一。对典型人物的成功塑造，标志着彝族叙事

彩色电影《阿诗玛》中阿诗玛的扮演者杨丽坤

诗创作的成熟。

这首叙事诗反抗压迫，歌颂劳动，歌唱自由和智慧，对当时的阶级对立进行了淋漓尽致的展现。有权有势有钱的老爷胡作非为任意抢人，劳动人民面对野蛮压迫展开顽强斗争。在阶级对立和斗争的风口浪尖上，两个坚强勇敢的人物脱颖而出。阿诗玛和阿黑两兄妹面对恶霸热布巴拉，进行了不屈不挠的反抗和斗争。阿诗玛和阿黑的形象深深印在撒尼人民的心中，人们传颂这个美丽动人的故事，为阿诗玛的不幸流泪，为阿诗玛和阿黑的斗争胜利欢欣。撒尼姑娘说："我们个个都是阿诗玛。"撒尼小伙子说："我们个个都是阿黑。"

阿诗玛和阿黑，是撒尼人民千千万万同样命运的人们中的两个。撒尼人民在细腻深刻地刻画阿诗玛和阿黑时，带着浓厚的感情，用极大的理想和智慧，把兄妹俩塑造成为最心爱、最完美、最崇高的形象。这两个人物形象是撒尼人民智慧的结晶，是中国少数民族民间文学中的两个性格鲜明、光彩照人的艺术典型。阿诗玛的美丽就是撒尼姑娘的美丽，她的聪慧就是撒尼姑娘的聪慧。疾风知劲草，烈火炼真金。在搭救妹妹阿诗玛的一系列英勇斗争中，在与热布巴拉父子进行一次次尖锐、

❶ 1963 年，饰演《阿诗玛》电影的杨丽坤、包斯尔、杜丽华、胡松华于上海合影

❷ 民间艺术家金牛作品《阿诗玛》白描画卷

1

2

激烈的较量中，阿黑这一人物性格中最光辉、最动人的亮点尽显无遗。阿黑的力量，就是撒尼人民对自己力量的信心，是战胜邪恶势力的最高理想。阿诗玛和阿黑的成功塑造，标志着彝族叙事诗创作的成熟。无论是从思想，还是从艺术成就来看，《阿诗玛》都达到了相当的高度，从中可以窥见彝族叙事诗创作的成就。

十二崖子神害死阿诗玛，阿诗玛最终变成缥缈的回声萦绕于山谷溪涧，这是一种被撒尼人精心加工而成的自然形态和社会形态。在十二崖子

神的淫威之下，阿黑兄妹以失败的悲剧告终，却换回了美好虚幻的回声。优美回声升华为一种优美的比喻，成为不可企及的典范和标准。崖神扮演了热布巴拉的帮凶，也是土司、奴隶主或领主的御用神，其中深意，须细细品味方知其深刻。

《阿诗玛》中的崖神，是彝族最崇拜的社神支格阿龙，他是彝族民众中受男性敬仰，受女性拥戴的，聚集着全民族精神因子的英雄人物。结尾处，阿诗玛融入石崖之中，预示着她嫁给了全民崇奉的男性英雄。在撒尼人民心目中，让人倾心，让人爱慕，美貌绝伦的阿诗玛，这个集撒尼人民心灵智慧和理想于一身的艺术人物，才是人们所期望的崖神之配偶。找到理想归宿的阿诗玛，用缥缈神秘、婉转荡漾的声音，悠悠回应着山川大地。

这是一首反抗压迫、歌颂自由、凝聚智慧的长诗，反映出来的社会问题相当深刻，其中之味，不是那些简单的叙事作品所能涵盖、概括得下的，主题思想之深邃，如神来之笔一般，是不可复制的优秀作品。故事是悲剧的，阿诗玛的生命是悲情的，但她的精神永存，这是撒尼人民美丽的理想和古朴的愿望。岩石与阿诗玛之间演绎的漫长故事，早已沉埋在不可复现的久远年代之中。促成这一演绎的强大精神力量，穿越历史的厚厚积尘，透着星星闪烁的光芒，散发着不可抵挡的魅力，穿越历史长河抵达每一个角落，给人们留下无尽遐思，无尽回味。

《阿诗玛》的艺术成就是斐然的，不愧是少数民族民间文学中的艺术精品，同时又是彝族文学发展史上的一座新的里程碑。它对彝族文学的现实主义和浪漫主义创作方法的继承与发展，起到了承前启后的作用。

❶ “我们个个都是阿诗玛”

❷ 妩媚灵动

❸ 《阿诗玛》唱腔传承人王玉芳

图书《阿诗玛：撒尼民间叙事长诗》

它是少数民族民间叙事诗中最早被发掘、整理和出版的优秀诗篇，堪称中国少数民族民间文学中的珍品，是中华人民共和国成立初期中国文坛上所出现的艺术瑰宝，是中国杰出的民间创作遗产。因《阿诗玛》的问世，人们才惊异地发现，在中国大地上蕴藏着如此丰富的叙事长诗。

任何一个民族的民间文学，都是人民集体创作的精神财富。一部优秀的民族民间文学作品从创作到流传，有着该民族反映生活和表达思想感情的特殊方式，是只属于这一个民族所独有的反映现实生活的创作方法和手段。长篇史诗和叙事诗的创作，更能体现一个民族的文化特征和民族特色。《阿诗玛》作为彝族文学史上一部现实主义与浪漫主义相结合的杰作，有着对彝族诗歌现实主义优良传统的继承性，有着对神话传统的继承性与人物的传奇性特征，巧妙展现了人民的理想与人物悲剧命运的冲突。

让我们回到石林的远古时代，回到奇峰林立的原始山野。那些石头以悲壮的、抒情的、刺破青天的、纵横出世的、舞姿弥漫的、盛满灵魂的姿态耸立着，巨大的石峰组合成震撼世界的传颂乐章。崇山峻岭中回荡着阿黑深情的呼唤：阿诗玛……阿诗玛……你在哪里？那呼唤吸引了全世界的焦点，亭亭玉立的阿诗玛石峰，承载着源源不断的滋养与传唱。

阿诗玛没有消失，她活在彝族人民心中，活在世界人民的呼唤中，屹立在艺术殿堂的舞台中央。人们仰视她，被她的美感染，被她的个性激荡。她的存在映射着自由和美好的召唤，传递着人类对浪漫爱情的不息追求，隐喻成人类生活的永恒美学。

2006 年，彝族撒尼语口传叙事长诗《阿诗玛》被列入首批国家级非物质文化遗产保护名录。

唤醒灵魂的文化简史

仿如伫立不动的沙漏，永远找不到它的完整。大三弦每一次撩拨都是通往理想主义的音阶，每一个步伐都腾跃在轻盈的生命当中。托起一帛精美的刺绣，手便已搭上撒尼人妇女的灵气之穴。民间摔跤见证的是力量与智慧的角逐。

舞之诗

大三弦咏叹调——彝族（撒尼）大三弦舞

彝族大三弦舞是一种彝族人民世代相传的民间舞蹈，是彝族人民在休闲或欢乐时跳的舞蹈，是彝族最有代表性的传统民间舞蹈。不同的地区和彝族的不同支系对三弦舞有不同的称谓，流传于石林地区的三弦舞具有粗犷、豪放的特点，俗称“彝族大三弦舞”；流传于阿细彝区的三弦舞称“阿细跳月”。彝族三弦舞是一种群体性舞蹈，男女均可参加，但跳舞时只有男子使用三弦，女子和着节奏伴舞。彝族三弦舞中，年轻人跳舞时用的是大三弦，因此称为大三弦舞；中老年人用的是小三弦，因此称为小三弦舞。彝族三弦舞被有关学者称为远古舞蹈的“活化石”，它为舞蹈的起源与发展研究提供了大量具有较高价值的宝贵资料。每到夜晚，燃起篝火，哨声响起，金笛齐鸣，紧凑而急迫的弦声粗犷、整齐地响起，青年男女和着“哆咪嗦”的旋律对面而舞，踏三步起一脚，同时伴之以歌唱和

"哦哦"的呼声，与弦声、掌声一起汇成轻快、激昂的声浪。大三弦舞节奏明快，粗犷豪放，铿锵有力，群众性和自发性强，具有鲜明的民族特色、地域特征和较高的艺术价值，是彝族群众性舞蹈的典型代表。

2008年，当彝族大三弦舞被列入第二批国家级非物质文化遗产保护名录时，它以抒情咏叹调的高昂姿态，定格为一个历史性时刻，永载史册。这一刻，是世人对大三弦这种古老乐器的由衷致敬，是对民族文化的深沉咏叹，也是对彝族人民艺术沉淀的满腔赞颂。专心致志，侧耳聆听，屏气凝神，细细把赏，它每一次撩拨都是通往理想主义的音阶，每一个步伐都腾跃在轻盈的生命当中。然而有谁知晓，在历史缓慢冗长的进程当中，它历经了怎样的曲折沧桑，怎样的颠沛磨砺，才最终成就为一朵奇葩。

抚摸这形态神奇的乐器，凝望它巧夺天工的设计，我的思绪穿越回古老的时空隧道里。

远古时代的一天，大约是在撒尼人先民的狩猎生活时代，茫茫洪荒世界，人与野兽的战争一直没有停止。一位英勇的武士用弓箭射死了一只猛虎，撒尼人沸腾了！这不是一件普通意义上的事件，

这是他们氏族历史上第一次射死猛虎。他们高兴得手舞足蹈，却不知如何表达心情，如何庆祝胜利。武士手执射死猛虎的那副弓箭随意拨弹箭弦，人们猛然听见箭弦发出丝丝缕缕从未听过的美妙声音。那曲调似仙乐，如梦呓，似战鼓，像情话，是以前他们从未听过的旋律。

接下来的日子里，好奇的撒尼人对着弓箭琢磨开来，不断撩拨，不断弹奏，日子一天又一天过去，在智慧与灵光的不断闪现中，他们将这副弓箭不断加工改良，逐步为它加上音箱、琴杆、琴轴、琴头、琴弦。于是，第一把“大三弦”诞生了！他们第一

❶ 粗犷的旋律，奔放的姿态

❷ 我是小小传承人

次拥有了自己的乐器、自己的音乐！

除了狩猎，撒尼人迫切需要种植农作物来果腹。他们将山上的树木砍倒晒干，将土地上残留的植被野草用火烧尽，稍做清理之后，开始在这片火烧地上进行耕作。开始耕种的日子，人们等不及星火全部熄灭，就忙着到地里劳动，赤足的人们被未灭的火星烫得跳来跳去，一面发出“阿喷喷”的感叹声一面耕作。这样的劳动情景激活了大脑皮层的灵感，也唤醒了深藏于心的艺术细胞。在一个明月清风、星光闪烁的夜晚，撒尼人举行了一场狂欢。他们调准大三弦的弦音之后，一字排开，模仿白天劳动耕种时的情景，翩翩起舞，放声歌唱。

男子排好队形，在大三弦的曲调声中跳四下，蹬一次脚，左右脚分别轮换。女子们一字排开，相互牵着手，迎上去与男子对舞。虽然脚上的动作与男子相同，但活泼美丽的撒尼女子加上了手的动作，跳四次蹬一次脚，拍两下巴掌。原地跳两次后，向左转一次三百六十度的圈，然后拍两下掌。星空之下，着魔似的撒尼人沉浸在热烈奔放的旋律中，彻夜狂欢。随后的岁月里，这舞蹈经历了反复的模仿和艺术化的再现，年复一年，日积月累，演变成了独一无二的大三弦舞蹈。

爱一个人，是因为别人无法取代他；需要一个人，是因为他的价值不可复制。那么，一件乐器的专属性，是否也就是衡量它价值的一个砝码？

大三弦的制作、定音、旋律、曲调，都是为大三弦舞而量身定做。大三弦如同一位专一而执着的情人，忠诚而笃定的伴侣。它不可能弹奏流行歌曲，不可能弹奏其他民族的音乐，更不可能弹奏西方乐曲。除了归属于大三弦舞蹈，别无他属，这是从诞生之日起就铭刻在灵魂当中的坚守，注定它终生无法与其他乐器合奏。

大三弦有多种定弦法，民间一般定成硬中弦或软中弦两种，而以硬中弦最常用。硬中弦是中弦与里弦为五度关系，外弦与里弦为八度关系。软中弦是中弦与里弦为四度关系，外弦与里弦为八度关系，音域一般为三个八度。三弦的音色是独特且嘹亮的，高音坚实清脆，中音明亮圆润，低音丰满浑厚。左右手技法各异，左手技法是板、粘、揉、扣、滑等，右手技法是弹、挑、双弹、双挑、滚、分、扫、砸、搓等。演奏大、小三度，纯四、五度和八度等双音灵活自如，可演奏三音组成的和弦，还可转调演奏。我认真拍摄过一位大三弦演奏

者的手法，他左手轻扶琴杆，以食指、中指、无名指按弦，手势呈龙爪式。右手用拇指、食指持拨片或戴骨制指甲，来弹拨琴弦发音，其余三指握于手心。也见过用五指一起弹奏的高手。

大三弦的使命是欢庆丰收和吟唱爱情的乐器，它音质优美，曲调狂放多变，弹奏风格独特奇秀。豪放时万马奔腾，群山共鸣不绝于耳；委婉时情意悠长，余音绕梁千里缠绵。

有首诗这样写道：

云南的撒尼人人口不多，
他们可有两万多音乐家，
还有两万多舞蹈家，
还有两万多诗人，
他们有两万多农民，
还有两万多牧羊人，
可不要以为他们有十万人，
他们的人口只有两万多。

撒尼人不论男女老幼，都热爱音乐和艺术，大三弦舞的诞生，让他们尽情施展才情，宣泄内心的奔放情感。粗犷的旋律、奔放的姿态，构成一幅其他舞蹈无法媲美的热烈、欢乐场面。这场景已然成为撒尼人的符号与名片，有撒尼人的地方必然有三弦舞，有三弦舞的地方一定有撒尼人。

神话传说中讲，人类受到掌管舞蹈的女神的启发，创造出了舞蹈。古代先民对神和人的概念的理解，并不像现代人分得那样清楚。往往把一些具有不凡才能的人、超出一般人的智慧和力量的人，或是对于人类做出重大贡献的人，看成是神的化身，或是能通神的人。各种各样的神都是人根据自己的影像为基础，经过想象而创造出来的。是神创造了舞蹈，归根结底也就是人创

老艺人普照光和他制作的民族乐器

造了舞蹈。

人类最早产生的艺术就是舞蹈。在远古尚未产生语言以前，人们就用动作、姿态和表情来传达各种信息，进行情感、思想的交流。在各种声音发展成为语言和音调以后，相继产生了诗歌和音乐。在劳动中制造工具，人的手逐渐变得灵巧起来，又诞生了绘画和雕刻。随着人类的进化，思维能力和认知水平的提高，曲艺、小说、戏剧等艺术相继被创造出来。舞蹈是人类最古老的艺术形式之一，上古时代，它就充当了原始人交流思想和感情的工具。它的起源是随着人类生产劳动而产生的，动作和节奏与劳动密切相关，不管是哪一种劳动，人的手脚总是要活动的，手用以拍打，脚用以踩踏，在某种动作连续重复过程中，产生出有规律的节奏，再伴以呼喊，伴以打击石块和木棍，最原始的舞蹈就此出现。

豪迈奔放的大三弦弹起来了，撒尼人踏着优美的旋律跳起来了。大三弦昂扬向上的弹奏，颂扬着撒尼人民勤劳致富、艰苦创业的精神风貌，让撒尼人尽情欢庆丰收，尽情倾诉爱情。它是狂放而多变的，独特而奇秀的，既可豪放奔腾，也可委婉悠长。

撒尼人是大度的、包容的、无私的，他们乐于将自己民族的文化、音乐、舞蹈尽情传播出去。群居的民族骨子里有着团结、友爱、互助的元素，他们不喜欢孤独，他们喜好欢聚，他们从来不独享，他们历来是分享。在狩猎、耕作、劳动、休憩、食物、娱乐中，他们都乐于将自己所拥有的东西与整个族群分享。而舞蹈，则每每伴随着这样的分享而起。每逢火把节，人们燃起篝火，点上火把，围着篝火弹起大三弦载歌载舞，纵情高歌。火把犹如繁星降地，又似火龙飞舞，眼花缭乱的快乐达到高潮，抵于极致。

早期的大三弦舞带有明显的生产劳动动作特点，音乐舞蹈节奏较慢，男子跳舞时腰稍下弯，女子舞蹈时摆手和拍手都在自然部位。后来，受彝族阿细支系“阿细跳月”的影响，撒尼大三弦发生了明显的变化，其表现

大三弦传承人毕光明

为音乐节奏加快，舞蹈加大了跳跃度，动作比原来夸张。男子蹬脚时小腿伸缩幅度加大，女子手上的动作从原来的甩手，改变为挥手，从原来的胸前拍掌发展为空中击掌。伴奏的笛子由单声部发展为中、高、低三声部，南部撒尼人的部分村寨还加入了唢呐伴奏。无论是大三弦舞，还是小三弦舞，舞蹈动作都比较简单，弹奏也比较容易，不用专门学习，在旁边稍做观摩即能跳会弹。大三弦舞的大众化，深受彝族人和其他民族的欢迎。一名外乡人或外民族见到大三弦舞，马上就能融入舞蹈队伍中尽情欢乐。只有群体性狂欢的大三弦舞，从来没有单打独奏的大三弦舞。这是绝对的集体性舞蹈，少则三男五女，多则男女各十余人。不能独舞，也不能独奏，独舞、独奏不是真正意义上的大三弦舞蹈。

大三弦，因音律而横空出世，因乐声而飘扬四海。它不仅仅是一种乐器，一个舞蹈，同时也是一项高价值、多功能的体育运动项目，更是民族文化力与凝聚力的象征。坚韧的琴弦弹奏着漫漫时光里的绵长与悠扬，灵动的舞步被时间浸润于历史的叙事曲中。狂放中包含着通往心灵花园的符号，热烈中如音鼓荡起美好的旋律。在漫漫历史轮回当中，一遍又一遍演绎精彩的乐章，唤醒最深处的灵魂乐感。

轻挑慢捻绣锦簇——彝族（撒尼）刺绣

在石林彝族支系撒尼人中流传着一首《撒尼绣花调》：

报晓的雄鸡叫头遍的时候，
快从朝霞中牵出金丝线，
月亮爬上圭山的时候，

❶ 经历的故事被飞舞的针脚记录下来

❷ 飘逸鲜活的图案

快从月亮里摘一颗银针。
精心织啊，
心爱的“伟尔选波”（“伟尔选波”，撒尼语，意为绣花包），
再绚丽的彩虹也比不过。
不绣长湖鱼逐流水，
不绣飞鸟戏云彩，
只绣万紫千红百花开，
只织碧波盘江银河落，
精心绣啊，
美丽的“伟尔选波”，
绣出光辉灿烂的好山河。

一幅美丽的画卷悬挂在天际，有个陌生的声音在轻轻呼唤。仿佛飞越了很远的路途，来到我这里时声音被拉长了，然后像绒毛一样飘落下去。我环顾四周，分辨不清呼唤来自哪个方向，眼前被一团锦簇照得目眩神迷。

锦簇徐徐摊开，同时摊开了各种抽象的几何图案：三弦花、八角花、八瓣花、太阳花、羊角花、蝴蝶花、四瓣花、八瓣花、狗齿纹、火焰纹、跳脚纹、石榴纹、青蛙纹、树纹、蕨草纹……还有菱形、三角形、条纹图案。有细腻柔和的写实性花卉山茶花、杜鹃花、石榴花、荷花；还有镂空贴花，那是粗犷的抽象云纹、波浪纹。这些图案与花色或飘逸或鲜活，带着年代久远的神秘气息，以纤巧灵秀的身姿摇曳在风影里，遐思弥漫。锦簇的底子是黑色、深蓝色或白色的，夹杂

少量黄色、橙色、红色等色块，以黑色、黄色、绿色、红色、蓝色、白色、青色等颜色的绣花线，交错搭配的色彩明快，对比强烈。或者用某种单一的颜色，在深或浅色度的底色上挑起清晰突出的纹样，借助色相明暗对比作用，纹样纹理显得如此突出，如此素雅，如此简洁。

黑色的底布是刺绣艺术的舞台，这个舞台由撒尼妇女自己织麻、纺线、织布造就而成。尽管机织布料的服装早已进入彝族生活，但撒尼人依然在使用古老的织布机织布，用最原始的传统工艺制作服饰，撒尼村寨里家家会纺麻、织布麻褂。每当托起一帛精美的刺绣，手便已搭上撒尼妇女的灵气之穴，源于大自然的简单模仿逐步演变为匠心独运的艺术创作，细密的针脚彩线当中，包含着博大深奥的历史传承，独特的要素产生了独特的旋律。

当人类进步产生出各色丝线之后，梦一般的色素使撒尼人的舞台开满缤纷的花朵，彝族刺绣的辉煌历程宣告开始。他们经历的故事被飞舞的针脚记录下来，他们对美的定义被飞舞的针脚诠释出来，逝去的年代在这里重新复苏。用麻布、丝线、色彩以及细针密线造就的艺术品被一双纤纤玉手展开，如同一

1

道幔帘，只掀开一条缝隙，就看见明亮的蓝、块状的红、稻谷的黄。再掀开一点，有了晚霞的橙、鲜叶的绿、云朵的白。

和谐生动的配色及巧夺天工的针法，全凭彝族妇女对美的把握与领悟，自觉地、随意地组合搭配。那些图纹恣意横生，充满离奇的想象。翩翩起舞的蝴蝶落在马缨花上，翅膀上长着树枝，树枝上连着果实，果实上连着梅花，梅花上停着喜鹊。物象的摄取完全不受常规思维的约束，只把她们认为美好吉祥的事物组合在一起，一切都是为了心中认定的好看和美。正是这种自由自在、超越时空的创作，构成了彝族服饰的特殊魅力。

彝族的绣花技法千变万化，挑花、贴花、锁花、穿花、盘花、滚花、补

花、刺花、纳花、纤花、平绣、链子扣、镂空……如此繁复众多的手法，在撒尼人的刺绣中全部得以应用，而且其中不乏独具匠心的创造性发挥。经过几百年的发展，众多刺绣技法中的“挑花”技艺在撒尼民间得到了广泛的流传和普及，刺绣图案更加夸张，愈发抽象，形成了“重挑轻刺”的特殊风格，形成自己独有的民族特色和地域特色。直至现在，撒尼挑花仍保持着浓厚的地域特色和明显的民族风格，图案绣在姑娘的包头、衣襟、袖口上，绣在中老年妇女的围腰、飘带、披风、伞套、鞋面上，复制着撒尼人的审美观念，滋养着他们对幸福生活的憧憬。

早在明、清时期，刺绣就在石林彝族撒尼妇女中盛行，传统民族服装总是绚丽而多彩的。农事之余，妇女们纺线、织麻布，飞针走线，挑花绣朵，缝制自己喜欢的阿诗玛服装，从少年时代就练出娴熟的刺绣技艺。她们在刺绣时总是胸有成竹的，不描样、不画线，凭借聪明的头脑和丰富的想象力，灵巧的手指便能刺绣出多姿多彩的图案。独具特色的山川地貌、风物特产，生活中常见的花鸟鱼虫、飞禽走兽，经过她们的模拟、提炼、概括而得以升华，一番精心构思和巧妙布局之下，幻化为色彩繁复、鲜艳夺目的图案。美雨花、

❶纤巧灵秀

❷石林黑彝服饰

太阳花、八角花，代表着撒尼人爱美的心理及祈福意味。小小的、生气勃勃的虎，是撒尼人的图腾标志。撒尼男子身穿麻布缝制的对襟式无袖短褂，图案式花纹缀以蓝色或其他色布的衣边，大方、朴素而健美。女子头戴的五彩花帽由各种颜色的条带拼镶而成，顶端与双耳垂直的地方，插有一对三角形绣花的角，当姑娘有了心爱的人，就会把它们取下来，作为信物送给他。帽檐上下两端用银泡、白珠或贝壳来装饰，数串小珠串系于双耳边，一直垂到胸前，走起路来叮当作响。撒尼女子上衣为右开襟高领长衫，领口和袖口用彩色花布或精美的刺绣的镶边，腰间系一块红色或黑色的围腰，围腰上绣着各种彩色花纹图案，下着彩带镶边的蓝色、白色、黑色长裤，穿绣花布鞋。

总的来说“黑、红、青、黄、白”构成了彝族服饰中的主要色彩。其中首服多黑底，装饰配色大量使用红、黄、蓝、白等色，以红色为主。彝族首服大多选用黑色、青色布料为基色，装饰的镶嵌色布和刺绣花边、图案，多选用红、黄、蓝等颜色。除了绿色之外，很少用别的过渡性中间色。经过精心调配的色调鲜艳而且和谐，有着别具一格的美感。

撒尼人传统挑花图案大体上分为三大类：第一类，以十字绣为主、具有一定抽象性的几何图案，比如三弦花、八角花、八瓣花、太阳花、羊角花、蝴蝶花、四瓣花、八瓣花、狗齿纹、火焰纹、跳脚纹、石榴纹、青蛙纹、树纹、蕨草纹，以及一些简单的菱形、三角形、条纹等。

第二类，以平绣为主，较为细腻柔和的写实性花卉图案，取材于现实生活环境中的花草纹样，如山茶花、杜鹃花、石榴花、荷花等。第三类，镂空贴花为主，较为粗犷的抽象性图案，主要有云纹、波浪纹等。

独立且完整的三弦花或八角花图案，是撒尼挑花的主要图案，各种条纹、羊角纹、菱形纹装点在周围，形成或方或圆的整体图案，工整对称，简洁明快。另一种形式是由若干相同的图案花纹并排相连，拼接组合成具有相当宽度的长条状挑花图案，并在上下两侧加以各种条纹的简单装饰，整体图案具有循环往复、连续不断的视觉效果。他们在胸襟、环肩、围腰、背披上，多运用同一色系的线，如大红、红、玫红、暗红、浅红，绿、深绿、暗绿、浅绿等，利用色彩的明暗深浅组合成图案，花瓣纹以不同色彩的运用，自然形成花瓣间的层次感，既统一又有变化，图案惟妙惟肖，多姿多彩。对比色是彝族妇女常用的配色方式，如红配绿、黄配紫等，主花与次花色彩不一，对比强烈，之间用一些中和色过渡，整个图案布局繁褥而不紊乱，华丽而不轻佻。

2008年，彝族撒尼挑花被列入国家级非物质文化遗产保护名录。

力量角逐慧荣耀——彝族（撒尼）摔跤

历史并未因为久远的沉淀而堆积起厚厚的尘埃，满心欢喜的丰收景致，源于他们用力走过了泥泞黑暗的混沌时代，机智躲过了野兽猛虎的袭击，奋勇战胜了自然界一次又一次的狂风肆掠，还侥幸避开了地球反复无常的震颤发威。踏遍苍凉艰苦的旅程，历经日月更替的摸索，隐忍几代人的食不果腹，望穿无尽的秋水，彝族人终于在漫长的光阴中，耕耘出一片丰饶肥硕的土地，撒播满载希望的种子，风调雨顺的一年之后，最终迎来收获的秋季。

彝族摔跤是石林彝族自治县彝族支系撒尼人世代相传、历史悠久的传统体育项目之一。每个村寨都有比较固定的比赛时间和地点，临近比赛时用海报的形式进行宣传。彝族支系撒尼人摔跤历史源远流长，摔跤是撒尼人祖先庆贺丰收、欢度节日，祈求风调雨顺、五谷丰登、六畜兴旺的传统体育活动，具有数百年的历史。石林民间故事《摔跤的来历》在民间广为流传，传统的文化习俗和文化认同，使摔跤在撒尼人中世代相传，延续至今。它包含了彝族支系撒尼人朴实的民族审美观和千百年来对力量的崇敬。撒尼人摔跤方法和技巧灵活多样，和国际摔跤相近，差异主要在国际摔跤不系腰带，而撒尼人摔跤要系腰带，但动作与技巧却十分相近，展现了撒尼人卓越的智慧和创造力，具有突出的历史和文化价值。

这是他们渴盼已久的丰收年，盼望了一个世纪，收割那天，撒尼人欢腾得如痴如醉。他们舞蹈，他们歌唱，他们腾跃和奔跑，依旧无法尽情抒发丰收的喜悦。此时此刻的他们，需要宣泄，需要表达，需要一种极致！

两个身强力壮的汉子突然跳到草地中央，半蹲半走间眼睛互视对方。一声呼哨起，扑上前抓住对方腰带，摔打起来。有史以来的第一场以力量、智慧、胆略和信心支撑的摔跤竞技，就此拉开序幕。围观者越来越多，呐喊声此起彼伏，这是他们需要的一场竞技，是他们由衷的表达，以这样独特的方式来庆祝丰收，宣泄激情。

抱单腿、过背、夹臂翻、穿腿……两个汉子充分发挥着自己的身体优势，调动起所有的意念与智慧，背、带、推、拉、单手过背、夹颈背、穿腿、绕背转移、抱单腿、抱双腿、握颈抱腿……技巧和灵感瞬间萌生，力量与韧性爆发并

存，飞沙走石的竞技终以一方双肩着地告终。得胜的一方起身直立，双臂向天，代表族人虔诚地表达对上苍的感激。全体族人与他一道双臂向天，喃喃祷告，感谢上苍赐予肥硕的土地，赐予累累的果实，赐予这满满的收获。庆祝收获的这一天，以摔跤为序幕，拉开了随之而来的歌唱、舞蹈，以及彻夜的欢庆。

此后，每逢庆贺丰收，欢度节日，或是祈求风调雨顺、五谷丰登、六畜兴旺的传统日子，摔跤便成为必不可少的一项体育活动，盛行在彝族的村村寨寨。每到节庆，各村寨都以举行传统摔跤比赛来庆贺，彝族人不断地对摔跤活动进行完善、改进，逐渐使之成为生活中一项仪式感浓烈的隆重节目。经过岁月的沉淀、打磨，摔跤活动的仪式感，还有细节、服装、规则等日趋完善。

书中记载："相对佝偻其躬，头相向，手前后盈如时钟摆坠然，足趑趄行如斗鸡作然。久久交手，有如鹤舞、有如龙骧、有如鳅滑、有如狮搏，时上时下，时复时翻……真令人绝倒也！"摔跤比赛之前，先由裁判做一个简短的仪式，然后根据报名选手的体重和年龄，将选手分成重量级和轻量级并按顺序将参赛者领进场内，交代完比赛规则之后，一场激烈的摔跤比赛便开始了。若当天的参赛选手多，裁判便将参赛选手同时安排多对一块比赛。每次摔跤从体重最轻的开始进行擂台式对抗。运动员必须系红色或者蓝色腰带，双方可以抓住对方腰带，充分发挥背、带、推、拉、单手过背、夹颈背、穿腿、绕背转移、抱单腿、抱双腿、握颈抱腿等传统技巧，以双肩着地为输，三跤两负者淘汰。胜者，在裁判引导下绕场寻找下一个对手，负方再派出一位摔跤手与之对抗，直至没有对手敢站出来与胜者挑战为止。胜者，成为当天比赛的大力士，组织者根据他摔倒对手的人数，发大红布作为奖励。

❶ 技巧和灵感

❷ 力量与韧性

❸ 对抗

最后夺冠的大力士，文艺队吹吹打打绕摔跤场一周举行“挂大红”仪式，由长者把当天最长最艳的大红布挂在他身上。

撒尼人摔跤包含着朴实的民族审美观，包含着千百年来对力量的崇敬。因其历史悠久，深深扎根于民间，进而发展成民间传统的竞技体育项目，极富观赏价值，演化成为石林特有的民族民间文化。展现了撒尼人卓越的智慧和创造力，具有突出的历史和文化价值。

向力量致敬

撒尼人的赛场同奥运会或官方正式的赛场有些不同，他们有自己的规则和方式，有自己独特的场景。如果天气火热，选

❶ 宣泄激情
❷ 拼搏

手们会脱下上衣，穿着短裤，先是蹲在场边，眼睛互视对方，得到裁判明示后，勇猛地展开比赛。这些选手摔跤的基本方式是从站立摔，转为跪撑摔的循环式。在规定的时间内，若双方运动员没有将对方摔败或双方各胜负一次，则采取抽签的办法确定胜负；若双方运动员中，只有一方将对方摔败一次，则判该队员为胜者。竞争中若有争议由组委会仲裁。这种比赛的民间味很浓，它不是专业化、职业化、商业化的，能够让观众体味一次回归自然、返璞归真的情景，遐想千百年来摔跤所蕴含的原意与渊源。

石林被誉为“摔跤之乡”，为国家、省、市输送了大量运动员，其中许多选手在国内外各种比赛中多次获奖，在国际、国内比赛中取得了突出成就，影响巨大。被称为“云南抱腿”的彝族摔跤名将龙文才，国际摔跤健将杨玉高，都是从彝族摔跤场上走出来的。需要有人对摔跤这种隆重而古典的仪式保持近乎宗教般的坚持，才能为后人保留下这个珍稀的标本，让世界上更多的人理解这宝贵而有历史价值的仪式。

1

2

在观看一场正宗的民间摔跤之后，在见证了一场力量与智慧的角逐之后，深深感觉到一种力量，一种不能轻易亵渎的力量。

2011 年，彝族（撒尼）摔跤被列入第三批国家级非物质文化遗产保护名录。

东方牛王争霸——石林彝族斗牛

斗牛比赛是我国少数民族的一项传统娱乐活动，主要流行于我国西南彝族、苗族、侗族、土家族等少数民族地区，特别是石林彝族斗牛活动，堪称“东方斗牛”的典型代表。石林地区的彝族斗牛（俗称“牛打架”），是彝族撒尼人最为重视、规模最大、最隆重的民族体育传统活动，不仅是当地民间娱乐活动，而且承载着彝族厚重的民俗文化，是一项很有观赏性的民间竞技活动，深得百姓喜爱和推崇。每年农历六月二十四火把节、春节前后或农闲时分，人们都会举行斗牛比赛，斗牛已成为彝族人生活中不可或缺的一项娱乐活动。

一场精彩的斗牛比赛，少不了勇敢的裁判和组织人员，斗牛和人竞技不同，不仅需要裁判有强壮的体格作为安全保护基础，而且更丰富的斗牛组织管理经验，熟识斗牛的习性，在斗牛出现各种不可预计情况时，才能及时沉着地解决问题。两牛相斗，失败一方常常奔命逃窜，这时裁判必须站出来，用自身之力控制住奔牛，控制住场面。此时，裁判和组织人员的勇敢表现，也成为斗牛场上一道精彩的风景线。

石林最古老的斗牛场设在今西街口镇的小尾都渣村。千百年来，每逢彝族盛大节日，撒尼人都要在此地举行斗牛比赛活动，久而久之，“斗牛”便成为撒尼人传统体育活动中的盛大赛事，沿袭至今。石林彝族撒尼人的“斗牛”习俗其规模之大、观众之多、场次之多、参加比赛的斗牛之多，目前在全国仍属罕见。

在石林县境内，彝族撒尼村寨中一年有大、中、小型斗牛比赛六十余场，参加比赛的斗牛有五千多头，每场观众都在数万人之上。特大型的彝族火把节斗牛比赛，吸引国内外观众有十余万人之多。石林县境内共有八十多个斗牛场地，其中最大的可容纳观众十五万人。据碑文记载，石林彝族撒尼人有组织、大规模、定型化，以比赛为目的聚众斗牛活动，迄今已有一百六十多年历史。石林彝族撒尼人的“斗牛”活动深受国内外观众欢迎，是石林县最重要的民族传统体育盛事。“石林斗牛习俗”于 2005 年 12 月被列入昆明市第一批非物质文化遗产保护名录。

斗牛

时光流转的生命狂欢

如诗如梦的民俗盛宴令人沉醉，密枝节神秘祭祀源远流长，彝族人借助漫山遍野的簇簇火光，点燃对收成、生存、追求的全部渴望。歌声与翅膀佩戴着同样的花饰，灵犀在某个秘密时刻，宿命一般浮现出来。

浪漫真爱——阿诗玛文化节

应时代之邀，应历史之邀，应时尚之邀，国际阿诗玛文化节隆重诞生。传说故事是它渊源悠长的背景，自然风光与彝族文化是它最好的注脚。阿诗玛文化节不是一个简单的仪式，也不是小玛德兰点心式的心理渴求，而是传说与梦想的牵连，是更高层级的怀旧，是从时光皱褶里驶来的一艘浪漫帆船。

电影《阿诗玛》在1964年作为中国第一部彩色电影问世之际，巨大的轰动性立刻奠定了它在国际国内产生的深远影响力，如诗如画的格调成就了一部经久不衰的史诗经典。阿诗玛的美丽故事在天空飘来荡去，世界各地游客慕名而来，来寻找女神阿诗玛的足迹。从此，阿诗玛成为蜚声国际的一张旅游名片。

2015年9月25日，以“千古爱情阿诗玛　浪漫真爱在石

林”为主题的首届石林国际阿诗玛文化节，在国家级风景名胜区石林隆重举行。这一文化节的启动，犹如一颗流星，一道闪电，借助阿诗玛品牌的强大助力，再次点燃了阿诗玛文化。伴随繁星点点的乐声舞声，阿诗玛再度走进世人心田，再度飘向世界每一个角落。

石林国际阿诗玛文化节系列活动由五大部分组成：一、演绎《阿诗玛》电影及彝族婚俗体验活动，九十九对新人重温电影《阿诗玛》经典片段，演绎英雄射箭、阿支抢婚等情节片段。举行集体爱情宣言，拍摄传统婚纱照，进行彝族婚俗歌舞演出，数十项活动此起彼伏。再现《阿诗玛》电影经典片段和情节的形式，可激起人们对阿诗玛的深切追忆。二、举办“爱在金秋石林　相约乃古花海”婚纱摄影活动。活动期间，来自世界各地的六十对新人、伉俪，在石林花海中体验由毕摩主持的彝族传统婚俗，拍摄“真爱石林　海枯石烂”主题婚纱照，演绎《阿诗玛》电影经典片段，并与各地游客共享石林民族团结宴。同时，还体验骑马相亲、牛车娶亲等彝族婚俗，品石林地道全羊汤锅，看牛王争霸赛，尝最大鲜花饼，参与万人篝火狂欢，有二十余项精彩活动。三、首届大三弦万人狂欢世界吉尼斯之最公益挑战赛，万人同台共奏大三弦，展现撒尼乐器之魂。四、首届东南亚少数民族特色美食购物狂欢节。五、东南亚美食、东南亚特产走进云南。

石林之所以享誉海内外，与阿诗玛的文化，尤其是与《阿诗玛》电影有着密切的关系。阿诗玛文化节以主题明确、内容丰富、

阿诗玛形象使者

形式新颖的活动，让阿诗玛文化再次走向大众心田，让优秀的民族文化隆重地走向世界。文化节的启动，再次唱响阿诗玛品牌，并以文化节的形式营造浓厚的阿诗玛文化氛围，把撒尼文化再次推向世界，吸引人们前来旅游，前来体验阿诗玛文化，真正地让远方的客人留下来。

2016 年 9 月 29 日，随着熊熊圣火的点燃，第二届国际阿诗玛文化节再次开幕。来自世界各地的六十对新人、伉俪齐聚阿诗玛的故乡，共同体验石林彝族传统婚俗，演绎《阿诗玛》电影经典片段，弘扬“阿诗玛”文化，唱响浪漫真爱主旋律。广场上，德高望重的毕摩身着彝族传统服饰，用火镰、燧石、火草三者快速碰擦产生火星取火，获取纯洁神圣的火种。取火时四位大毕摩围站在火盆东西南北四个方位，共念祭火经，借圣火之力量祝福苍生，福佑大地。随后，点火大毕摩用火种点燃火炬，用火炬点燃盆中的希望之火。

我们都是阿诗玛

在当日的开幕式上，石林向全球发出邀请，诚邀天下有情

人来石林做客，一同感受阿诗玛的文化魅力，借助阿诗玛文化节的形式，传递真爱的能量，打造大众消费传统经典文化的成功典范。《阿诗玛》电影主题曲演唱者杜丽华，《阿诗玛》电影主演杨丽坤的爱人唐凤楼等出席开幕式。

“远方的客人请你留下来，哎罗哎罗哎罗哎……”在欢快的歌舞声中，中国石林第三届国际阿诗玛文化节于 2017 年 10 月 1 日在石林风景区又一次隆重开幕。石林绚丽的自然风光与灿烂的彝族文化交相辉映，独特的民族风情与石林胜景水乳交融。

❶ 2013 年七夕晚会

❷ 传说与梦想的牵连

为爱讴歌——情歌节

情歌，携带蜂蜜般的金色和甜蜜温馨的触觉，恰到好处地诠释了人的情感体验，亦恰到好处地渲染了爱情的氛围与美好的憧憬。

以“浪漫七夕　情满石林”为主题的中国石林首届民族民间情歌节圆满开启之时，歌声与翅膀佩戴着同样的花饰，想象与愿望乘上同样的飞轮。歌声唱响之际，灵犀在某个秘密的时刻，宿命一般浮现出来。人们的遐想被轻轻拨动，一面爱情的旗帜呼啸着席卷而过，唤醒对真爱的渴求。人们的心毫无保留倾向于它，倾向于可遇不可求的传奇，缔造起一番只可意会不可言传的秘密心事。

借着情歌节的翅膀，首届民族民间情歌节论坛应运而生。论坛由云南艺术学院、中国云南国际文化交流中心 、云南省非物质文化遗产保护中心、石林风景名胜区管理局主办，旨在以七夕节为契机，通过专题研究全球化背景下中国民族民间情歌文化的发展前景，展现云南丰富多彩的非物质文化遗产的独特魅力，促进文化与旅游的深度互动，为保护和传承民族民间情歌搭建交流平台。此次活动，吸引了来自非物质文化遗产保护、人类学、民族学、音乐学等领域的五十余名

2

❶ 歌声与翅膀佩戴着同样的花饰

❷ 美好的憧憬

❸ 借着情歌节的翅膀

专家、学者前来参加。

情歌节晚上，云南民族民间情歌展演隆重开启，来自省内的著名艺术家、演员与民间艺人同台献艺，《月亮升起来》《蝴蝶泉边》《绣荷包》依旧深深沉醉，新晋民族民歌《石林情歌》《云南美》那般郎朗抒怀。袅袅歌声催开了万亩花海，徐徐微风中，幸福的格桑花随风摇曳，西街口的人参果芳香四溢，白鸟千兽敛声静听，万顷石峰遥遥回应。

情歌本身是独立的、朴素的，带着故土的缕缕芬芳。作为非物质文化遗产，传统情歌的保护需要从研究开始，需要寻求社会资金对保护和传承活动予以支持，才能生动展示民族民间情歌的音乐魅力和文化特质，让民族民间情歌在传承、保护非物质文化遗产中发挥重要作用。

火的涅槃——火把节

从未有哪个节日可以如火把节这般绚烂璀璨、耀眼夺目。彝族人借助漫山遍野的簇簇火光，将一年当中，对于庄稼、收成、生存、追求的全部渴望，缩写为熊熊燃烧的时光。绵绵无尽的荏苒中，火，演绎着所有生命对神灵的诉说与祈求。

关于火把节的传说很多，有两个最为脍炙人口。

很早以前，天上有个大力士叫斯惹阿比，地上有个大力士叫阿体拉巴，两人都是力拔山兮气盖世的绝世英杰，但彼此从未较量过。这一天，斯惹阿比来找阿体拉巴比赛摔跤，不巧阿体拉巴有急事要外出，临走他请母亲用一盘铁饼招待斯惹阿比。斯惹阿比见到阿体拉巴居然以铁饼为饭食，大惊失色，吓得赶紧离开。恰逢阿体拉巴刚刚回家，听母亲说斯惹阿比刚离去，立刻追了出去，拉着他要进行摔跤比赛。心理上已经落败的斯惹阿比敌不过阿体拉巴，被摔死了。天神恩梯古兹知道此事暴跳如雷，派了大批蝗虫、螟虫来吃地上的庄稼，惩罚人类。

❶ 火把节盛况

❷ 民族旗幡队入场

阿体拉巴为了拯救族人，在农历六月二十四那一晚，砍来许多松树枝、野蒿枝扎成火把，率领人们点燃火把到田里去烧虫，彻底消除了虫灾。从此，彝族人民便把这天定为火把节。

另外一个传说：

远古时代，有一个名叫十大力的恶魔无恶不作，大搞破坏，人们上前质问，他便蛮横与人摔跤，还示威地把一头头壮牛翻倒。他的挑衅行为惹怒了一位叫包聪的彝族英雄。他挺身而出，与十大力扭扯着摔了三天三夜不分胜负。人们弹着三弦，吹着短笛，拍手跺脚为包聪助威，他终于击败了十大力。恶魔发怒，放出铺天盖地的蝗虫，辛辛苦苦种出来的庄稼眼看要被糟蹋殆尽。包聪率领人们集合起来，点燃一支支火把去烧，最后烧死了所有的害虫，这一天正好是农历六月二十四日。后来人们为了纪念这一胜利，每到这一天，便杀牛宰羊，举行火把节的各种活动，弘扬彝族人民不畏强暴争取幸福生活的斗争精神。

①过山号队入场

②毕摩队入场

火把节沉淀为彝族人民最古老传统的节日，有着深厚的民俗文化内涵，被称为“东方的狂欢节”。举行火把节的时间在农历的六月二十四日，彝族认为过了火把节，就能长出像火把一样粗

壮的谷穗，还要以此祭火来驱赶家中、田中的鬼邪，以保人畜平安。

彝族地区流传着十分丰富的火把歌调，虽然形式多样，但都有固定的歌调。清光绪十五年（1889 年），法国传教士保禄·维亚尔在其记录石林彝族风情的《彝族人的一场竞技》一文中，以亲历者的眼光，记述了火把节的盛况。彝族火把节作为盛大的传统佳节，渗透着一种“狂欢化”的民俗精神，传达着素朴的生命观念和生活态度。中华人民共和国成立后，石林独具民族风情的火把节吸引了全国的文人骚客来此观光、体验、创作。著名作家徐迟、方纪、夷仁等留下了关于火把节的名篇佳作《欢乐的火把节》和《火的节日——火把节》。彝族地区素有“火之故乡”的美誉，彝族人民能歌善舞，秉持着先人千百年传承下来的音乐舞蹈传统和口头艺术，与火把节习

俗有关而形成的歌调、传说乃至史诗表演等，都成为非物质文化遗产中的重要传承。

节日那天，寨里家家户户要在门前竖立若干火把，准备活动时使用。同时在村寨附近选择一块开阔地，在地中央竖立一根长 10~20 米的青松，青松顶端横放一根挂满红色纸花的木棒，沿青松四周用易燃柴草堆砌成一个宝塔形大火炬。傍晚，节日活动的主持人率领锣鼓队敲锣打鼓，寨中各家听到锣鼓声即出门点燃火把，男女老少举着火把向活动场所汇集。人们到齐之后，主持人一声号令，大家举火把向宝塔形火炬奔去，将其点燃。一时火光冲天，欢声四起，大家各举小火把围着大火炬，跳起大三弦舞。歌舞结束，各家各户的人们举着火把向自己的田土走去，分散举行火把游行，一直要游遍各自的田边地角，以此仪式表达消灭害虫的心愿，同时祈祷风调雨顺、五谷丰收、人丁平安、六畜兴旺。

彝族火把节一般历时三天三夜，分为祭火、传火、送火三个阶段。

第一天，祭火。村村寨寨宰牛杀羊，集体分享，备酒肉祭祖。夜幕降临时，临近村寨的人们在老人们选定的地点搭建祭台，以传统方式击石取火点燃圣火，由毕摩诵经祭火。然后，

❶ 火把燃情

❷ 火把节舞狮

火龙

家家户户，大人小孩从毕摩手里接过用蒿草扎成的火把，游走于田边地角，效仿以火驱虫的传说。

第二天，传火。这一天，家家户户聚集在祭台圣火下，举行各式各样的传统节日活动。小伙们赛马、摔跤、唱歌、斗牛、斗羊、斗鸡。姑娘们身着美丽的衣裳，撑起黄油伞跳起舞。在这一天，最重要的活动莫过于彝族的选美了。年长的老人们按照传说中的勤劳勇敢、英武神俊和善良聪慧、美丽大方的标准，从小伙和姑娘中选出一年一度的美男和美女。夜幕降临，一对对有情男女，在山间、在溪畔，在黄色的油伞下，拨动月琴，弹响口弦，互诉相思。

第三天，送火。这是整个火把节的高潮。夜幕降临时，人人手持火把竞相奔走，最后将手中的火把聚在一起，形成一堆堆巨大的篝火，欢乐的人们聚在篝火四周尽情地歌唱、舞蹈。

火把节一定有斗牛和摔跤活动。

一声洪亮的牛角号响起，两头公牛怒目圆睁，相向而来，一声低吼，两对特意削尖的牛角猛然相撞。四周观众呐喊助威，牛得到刺激和鼓励，犟性大发，时而彼此猛攻，时而力敌相峙，时而血花飞溅，时而

伺机反攻。最后胜利的雄牛头颈披红戴花，由主人牵着绕场一周，从此身价倍增。

摔跤活动由不同村寨推选最强壮而有能耐的摔跤能手进行比赛，获胜者除得到奖品之外，还能得到自己村寨的酒、羊、牛等美食的庆祝和鼓励。火把节还有精彩的射箭比赛。会场中无时无处不聚集着骑马的少年和穿鲜艳服装的彝族姑娘，英俊美丽，载歌载舞。

火把节也是少男少女点燃爱苗、传达情意的好时机。姑娘们穿着自己缝制的衣裳展示灵巧的手艺，小伙子在种种比赛和表演中博得姑娘的芳心。一旦找到属意的心上人，男方可以抢夺女方身上的信物作为定情之物。夜晚，他们通宵欢歌狂舞，互相表达爱意。

由于长期的时间维度上的历时性发展，还有空间维度上的地域性演变，火把节所呈现出的民俗文化内涵，不再是早期的单一形态，而成为复合形态，包括了传统社会的多种活动事项，包容着宗教、信仰、伦理、歌舞、技艺、民间审美等丰富的内涵。火把节作为一种仪式，最完整、最丰富地保留着人类群体文化演进的历史轨迹，其主题是对人类生命繁衍的讴歌，对族群生活理想的希冀，成为专家们研究彝民族文化史和思想史的一个重要角度。

神灵至上——密枝节

在日常的生活和审美的历程中，有什么东西更能构成与不朽价值相对应的物质形式？有什么所在更能承担人生信念的永恒意义？撒尼人的密枝林，以简单的逻

火把节篝火狂欢

独有的文化遗址

辑、严密的条规、丰富的仪式感，瞬间丰富了民风民俗特有的层次，让一座普通的林子，顿时充满禅宗意味，具备神秘气场，成为本民族独有的文化遗址。

古树、滇青冈、清香木群落、百年老核桃树、垂柳、葫芦、小灌木……繁复的植被，平凡的村寨，平凡的场景，却因为密枝林的存在，彰显出种种神圣的规则。滇石栎群落、竹子、白茅草、马缨花、樱桃、柏、棠梨、月季、剑麻等等，撒尼人的密枝林以这些植物为图腾，以这些植物为屏障，留住了时间与瞬间。

关于密枝节的由来，不同的撒尼村寨有不同的传说。在糯黑一带，相传很久以前，一户撒尼人家有个姑娘名叫妮娃，出落得像月亮一般美丽。寨主巴莫老爷见到妮娃姑娘口水流得几尺长，他想依仗权势娶妮娃为妾，但妮娃誓死不从。巴莫老爷恼羞成怒，要派人将妮娃五牛分尸。妮娃变成一只美丽的白狐狸逃走，钻进了山林。巴莫老爷得知消息后，率领家丁进山去捉拿白狐狸，却在追猎中被聪明的白狐狸诱上悬崖摔死了。从此，这座山林成了白狐狸的私家花园，谁若放牛羊惊动了白狐狸，牛羊就要遭受瘟疫。谁擅自闯进密枝林砍柴割草，就会遭遇病魔。白狐狸成了仙，成了人们都不敢

惹的神灵。于是，人们开始供奉祭祀白狐狸，密枝节的习俗由此诞生。密枝节当天，人们宰杀绵羊，诵祈福经，求白狐保佑村民一年四季平安健康、风调雨顺。随着时光的推移，密枝节演化为祭祀密枝神，人们祈求树神庇护村民六畜兴旺、发家致富。

每一个撒尼人居住的山寨，都有一座自然生态保护得无比完好的山林，称为“密枝山”。密枝林是神圣的，布满滇青冈、滇石栎和清香木群落的树林神秘而幽深，还有百年老核桃树、垂柳、葫芦、竹、白茅草、马缨花、樱桃、柏和棠梨等等。密树林里边的一树、一草、一木，都拥有神谕一般的圣洁，谁都不能动，动了就会遭受瘟疫诅咒。每年农历冬月头一个鼠日至马日，撒尼人迎来最最庄重的节日——密枝节，他们举行神圣的祭密枝活动，

❶ 撒尼神话传说石雕

❷ 进入密枝圣景的大门

祈祷人畜兴旺、五谷丰登。由密枝节还衍生出其他祭祀活动，农历正月初二，人们以大红公鸡祭祀山神。清明时节，上山祭奠“娜斯”，杀鸡宰羊聚餐。农历七月十五，到杜鹃山杀牛祭雨神，在山上聚餐。春节期间，举行盛大的撒尼杀猪饭。逢祭祖或节庆活动，撒尼人以血缘、村落、宗族或村小组为单位，共同出资购买黄牛、山羊、绵羊、猪、鸡等，祭祀结束后，或每家分一份，或聚在一起享用祭祀的美食，宴请规模少则八大碗，多则十二碗。基本由腊肉、土鸡肉、羊肉、荞粑粑、乳饼、土豆、酸菜和时鲜蔬菜汤组成，并在餐桌上铺上撒尼刺绣。

圭山密枝节是最具亮点的节日，随着岁月变迁逐渐沉淀为一项旅游文化，蕴含八大文化亮点，吸引人们从四方八面赶来。一个亮点是一幅生动影像，一幅影像是一帧历史画卷，如同沙滩上玲珑的彩贝，每一枚都叮咚着不息的潮音。

第一，观摩神秘的密枝节祭祀文化。第二，感受独特的文化体验，视听濒临失传的阿诗玛文化《圭山彩虹》《竹叶长青》《阿诗玛》《少囡玛》等撒尼舞台剧精彩片段，观赏叉舞、霸王鞭舞，看原创

撒尼剧《送郎归》。第三，体验古老的婚俗，观摩撒尼人娶媳妇的特别习俗。第四，参观独一无二具有六百多年历史的石板房民居。第五，品尝原生态圭山六宝：圭山黑山羊肉、黑山羊乳饼、圭山土飞鸡、土鸡蛋、野生天麻、彝族杀猪饭。第六，参与独具石头寨特色的背媳妇、拉牛车、射弹弓、射弩、吹枪等传统活动，感受斗鸡、斗羊的趣味体验。第七，在夜幕降临时体验篝火狂欢，围着篝火载歌载舞，宣泄生活的喜怒哀乐，庆祝丰收的喜悦。第八，登山远眺，在村民向导的带领下登杜鹃山和观景台，纵览圭山及石头寨美景。

一场密枝节之旅，神秘的祭祀文化在眼前徐徐展开，撒尼人火一样的热情感同身受，味蕾在滋味独特的撒尼六宝中得到肆意放飞。每个人都被包裹在浓郁的撒尼风情当中，在如诗如梦的民俗盛宴中陶然沉醉。

❶ 密枝祭祀仪式中的祭坛

❷ 细乐表演

文化韵
SHILIN
石林
东川区
寻甸县
石林县

第四章
璀璨的文化瑰宝

历史学家说过，没有被叙述的历史不能算历史。无论距今有多远，人们总是企图寻找到一些细微的光芒将回忆照亮，那是我们不可缺少的光源之一。这些文化瑰宝的坐标，似乎就是为了展示时间的流动和记忆的细腻。

远古纪元栩栩重现

无论是地球物质组成还是地球生命发展史，无论是三叠纪古海世界还是喀斯特地貌演化，无论是照片还是实物，无论是化石还是模型，都引领人们再度重返那个遥远而重要的历史现场，见证一场生命与物种的演化传奇。

假如有一支神笔记录过喀斯特地貌的前世今生，记录过石林远古的悠悠梦境，记录过造物主冥冥之中的预感，那么石林喀斯特地质科研博物馆，一定是最浓墨重彩的一笔。

像是一场精心营造的邂逅，在举世闻名的集“世界自然遗产”“世界地质公园”“国家AAAAA级景区”几大称号于一体的石林风景名胜区一级保护区内，竟然有这样一座体量庞大、雄浑庄严的建筑矗立着。它总占地面积七十多亩，总建筑面积逾五万平方米，集科普教育、学术研究、寓教于游、休闲度假于一体，与石林风景区自然景观资源相互映衬，彼此诠释着。

这就是石林喀斯特地质科研博物馆，一座有着超逸、含蓄、蕴藉艺术风格的建筑群。

极少见过如此真实而自然的博物馆，科学立馆、传承文化、保护家园的建馆宗旨，让它不可方物，傲然挺立。博物馆功能齐全，综合性强，从外到内做到了天然与生态同在，收藏与保护并存，审美与科教同行，服务与文化并重。收藏和展示的藏品种类达一万余件，展品之丰富程度远超常人想象。国宝级展品上百件，其中十件展品为大世界吉尼斯之最，建馆伊始，即跻身为最具旅游观光价值的国际性地质博物馆。

石林的前世今生在眼前徐徐铺陈开来。四大展厅，一个科研楼、一个科教馆、一个高科技飞行影院和一个植物园，将石林的形成肌理、喀斯特的地貌类型、地球生命的演化发展、地球的物质组成、资源利用、地球地质作用现象、生态环境的多样性、中生代古海奇观等地球科学知识，进行了不同角度、不同深度、不同方位的展示。感受着它的原始性、科学性、知识性、观赏性、趣味性和娱乐性，我有着穿越亿万年历史的沉醉与满足，满腔的激情想去三叠纪繁复的生态系统里放声歌唱。

博物馆，从某种意义上说，是历史与年代的守望者，是物种更迭与生命进化的见证者。我凝神敛气，静心沉郁，让自己的步伐慢下来，尽量慢下来，让心跟随它的布局、它的节奏、它的演绎，进入地球生命发展的系列篇章。

大世界吉尼斯之最——方解石雏晶包裹猴头化石

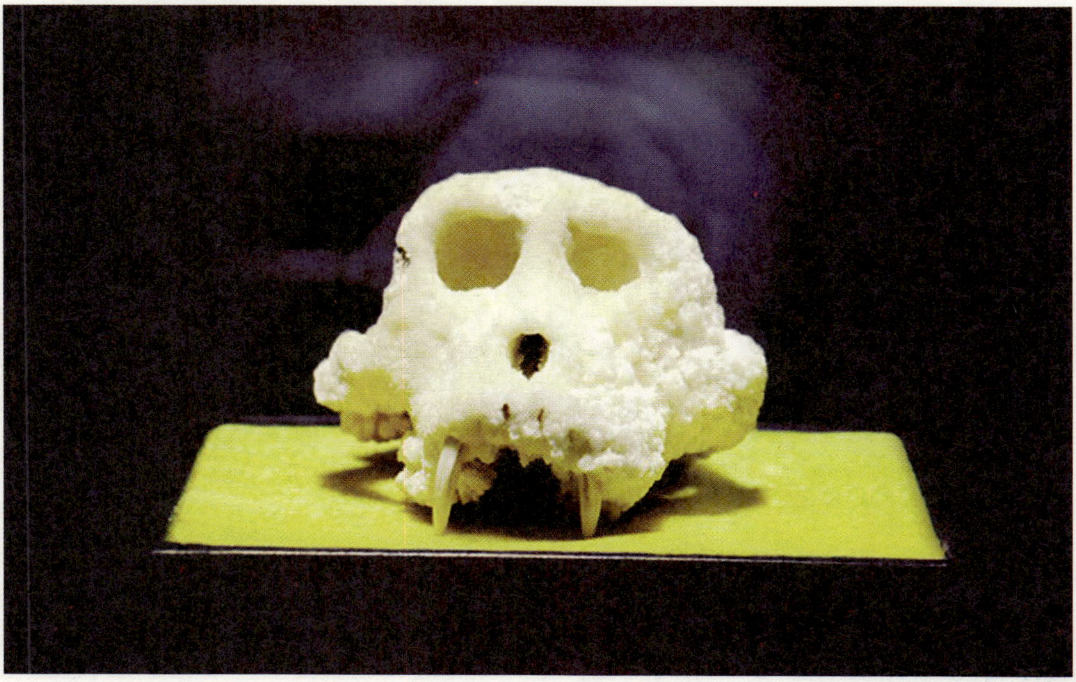

喀斯特演化及洞穴石专题展

石林是世界喀斯特地貌的精华，拥有世界上喀斯特地貌分布面积最广、类型最齐全、形态最独特的古生代岩溶地貌群落，不枉“天下奇观”的美誉，堪称天然的喀斯特博物馆，也堪称大自然雕塑博物馆，具有极高的科学和美学价值。

展出内容是地下水溶蚀作用，在可溶性岩石分布区长期塑造而形成各种地表和地下景观。地表景观以石林为例，通过图文与实物结合的方式，生动直观地再现了喀斯特地貌的演化与变迁。博物馆几十年来收藏的不同洞穴环境、不同沉淀场所形成的百吨洞穴石，再现了恢宏离奇的地下喀斯特景观。

地球生命发展史专题展

步入此馆，地球生物亿万年发展演化的历程，尽收眼底。

馆藏的上千件珍稀展品，涵盖了古今中外地球生命发展演化的亘古历程。鳞次栉比的展柜、展区，按照地质历史发展的先后顺序排布，将太古代、元古代、古生代、中生代、新生代的标志性生物化石，一一排布，生物生存状态被尽可能地还原，复原图与展品对比摆放，直观明了。

我注视着那些来自宇宙天体的铁陨石，地幔深处的宝石橄榄岩，江南古陆的球状蓝藻，寒武纪生命大爆发的澄江动物群，唏嘘感叹。距今5亿~2亿年的国内外三叶虫精华，琳琅满目的角石、笔石、珊瑚、腕足类、海百合、海林檎、菊石和鱼类等众多生物群落，令我目不暇接。大型、小型海洋霸主鱼龙、海龙、贵州龙，以及中生代统治陆地的恐龙家族的蛋窝、龙爪、龙牙、龙骨，牵扯着我进入一个童话的世界。植物世界及沼泽地成煤植物群落生生不息，新生代哺乳类及昆虫栩栩如生。

地球物质组成及资源专题展

这里有着近千件藏品，来自全国各地，布展方式是按照展品的化学物质组成来进行的，自然元素、硫化物、氧化物、卤化物，一直到碳酸盐、硅酸盐，等等。

生物化石

从未在同一时间、同一地点，一口气见到如此密集的石英、长石、云母、方解石、白云石、蛇纹石、绿帘石、石榴子石等非金属造岩矿物。促成人类生存与文明发展的主要矿产资源历历在目，有金、银等贵金属，钨、锡、铋、钼、铜、铅、锌等有色金属，铁、锰等黑色金属的丰富矿产资源。这个展馆，巨型藏品单件重达8~18吨，收藏过程历尽艰难险阻，汇集了黄铁矿、黄铜矿、方铅矿、毒砂、方解石、萤石及宝石级闪锌等稀有品种。

宝玉石及彩石专题展

宝石的应用源自西方张扬与奔放的民族个性，东西方文化的交流与融合，让宝石热在东方人群中得到迅速扩展。博物馆是根据社会关注度和展品的特性来设计展区的，馆藏展品包含祖母绿、海蓝宝石、碧玺、托帕石、橄榄石、绿水晶、欧珀、石榴子石、红宝石、蓝宝石、尖晶石等重量级宝石，还展出产出宝石的含矿伟晶岩。

石之美者为玉，馆内有翡翠、和田玉、黄龙玉、岫玉、龙胜鸡血玉、绿松石、树化玉、南红玛瑙、青金石、虎眼石、孔雀石等玉石藏品，珠光宝气，温润含蓄，彰显着“君子比德于玉”的氛围。同时还展示拉长石、萤石、金黄色冰洲石、蛇纹石、大理石、玉髓、玛瑙、碧玉及彩色方解石等彩石品种。

大世界吉尼斯之最——
巨型菱锶矿晶簇

❶奇石宴——满汉全席

❷菊石化石

地质作用现象专题展

“推今及古”现实主义原理的运用，可帮助人们通过眼前遗存的现象，理性地推演过去，解析有机界或无机界的种种由来。各种地质现象的展示与观察分析，可辨别和再造远古时期的复杂过程，以利认识过去、重塑历史、探寻资源和保护环境。

据此理念，馆内展示有：由内动力作用形成的褶皱、断裂、节理、绳状熔岩、火山弹、火山角砾、杏仁体、晶腺体、排气锥、条带状构造、片理构造等；由外动力作用形成的球状风化、差异风化、差异溶蚀、差异磨蚀、层理、斜层理、波痕、泥裂、虫迹、结核体等等，千变万化、不胜枚举。

观赏石文化专题展

1

2

“天赐奇石，人赋妙意”，是东方民族赏石、玩石、爱石的文化传统。馆内拥有大中型水石、风砺石及山石等观赏石上千件，水石采自云南澜沧江中下游、湄公河上游、金沙江中下游和川黔桂的主要河流，风砺石来自遥远的戈壁滩，山石采自滇东一带。玩石长乐，修身养性的赏石文化在此得到淋漓尽致的体现。满眼望去，栩栩如生的造型石，幽柔变幻的纹理石，内藏秘经的特种石，更有两百多道几可乱真的石头宴——满汉全席，叹为观止。

行走在这里，观赏化石亘古复生，观赏矿物晶莹剔透。在目不暇接之际，一枚单花花径达 68 厘米的特大菊石映入眼帘，其花蕊是一枚距今 2.7 亿年的腕足类化石，既有蝶恋花之诗韵，又富含深邃的科研价值。

名木乌木专题展

一件木艺树标，就是一件天人合一的艺术品，一件乌木造型，构成一尊灵木古玩。来到上百件大型名木树标和巨型乌木根艺组成的展厅，就步入一个木艺的艺术王国。这些藏品是馆主多年来对工程施工、矿山开发，或因泥石流、地震、雷击等自然灾害而倒伏、掩埋的古木，进行抢救性采集而收藏的名贵树种，稀有树种。

花梨、黄金樟、柚木、黄杨、金丝楠木、榉木、云杉、黄连木等珍稀树种也在此安家落户，有些是原生态呈现，有些经过后期修整处理之后赋予了文化内涵，“彝乡图腾”“峥嵘虎威”等被誉为馆藏经典杰作。

乌木也叫阴沉木，兼备木的古雅和石的神韵，有“东方神木”和“植物木乃伊”之称，有着不生虫、不褪色、不腐朽、不变形的特性。“百凤朝阳”“神鸟归巢”“圣人宣道”“仙女散花”“飞龙在天”等造型别致的大型乌木，演绎着旷久永恒的神话。

三叠纪古海世界专题展

这是一座大型古生物化石馆，集中展现了三叠纪海洋生态系统复苏的景观。

在经历规模最大、涉及生物类群最多、影响最为深远的，导致当时世界上 92% 以上的海洋物种绝灭的二叠纪生命大灭绝之后，三叠纪海洋生态系统具有重大的科学研究价值，在古生物学、古生态学上具有特殊的意义。我看见了一百多平方米的海百合化石，十二米长的萨斯特鱼龙，孙氏新铺龙游嬉在海百合、菊石之间，龙花共舞；黄果树安顺龙、短吻贫齿龙、混鱼龙群、长颈龙等栩栩如生。最难得一见的，是一件保持原貌而未经修复的“化石组合”共生原石，化石依稀可见生物轮廓及初始埋葬形态：短吻贫齿龙（海龙目）、周氏黔鱼龙（鱼龙目）、新铺中国豆齿龙（楯齿龙目），并伴生有鳞齿鱼、海百合、菊石等，好一派热闹非凡的三叠纪海洋大家族繁盛景象。

陆生哺乳动物猛犸象和披毛犀，从新生代穿越而来，伫立在高大敞阔的展馆里，犹如两个镇馆门神，守卫着海里的生物。

宝玉石鉴赏馆

这个齐聚国内外知名宝玉石展览、加工、高端定制的平台，展览面积有一千二百多平方米，展馆内展示有国内外知名宝玉石六十多个品种，是一个传承宝玉石文化的专业集聚地。展品涵盖了红宝石、蓝宝石、祖母绿、碧玺、托帕石、欧珀、尖晶石、水晶、石榴子石、翡翠、和田玉、黄龙玉、鸡血玉、绿松石等宝玉石，还展示了金、银等贵金属。质朴的宝玉石原石直观展示着宝玉石最原始本初之美，引导人们探秘这些宝玉的前世。经过艺术家精湛技艺雕刻后的宝玉，退去质朴，凤凰涅槃，在耀眼夺目的熠熠生辉中，诉说前世今生的不朽传奇。

走出石林喀斯特地质科研博物馆，宛若穿行过亿万年的光阴之后重见天日。这里从建馆伊始，就注定成为石林记忆中一个巨大的存在，无论是地球物质组成还是地球生命发展史，无论是三叠纪古海世界还是喀斯特地貌演化，无论是照片还是实物，无论是化石还是模型，都引领人们再度重返那个遥远而重要的历史现场，见证一场生命与物种的演化传奇。

❶ 海龙化石

❷ 肉食恐龙蛋窝龙爪

蕴蓄于石的神秘谶语

一笔狂草满壁纵横，清风明月无语东流，时光在岩石纹理中一点一点逝去，胸中丘壑尽托明月清风，笔墨酣畅终成千古流芳。艺术家将情感深深寄托于石画当中，书影笔墨，从天然石头和天然彩沙里，玩味出一份别样的意境。

笔酣墨畅——摩崖石刻

看见摩崖石刻群，看见那些以篆、隶、魏碑、楷、行、草各体书写的字体，我想起盛唐气象，想起那个人性充满震撼力、个性得到极大张扬的特殊岁月，张旭三杯草圣传，脱帽露顶王公前，挥毫落纸如云烟。怀素狂来轻世界，醉里得真如……目光聚焦在那些石刻上，心绪山高水长，物象万千。

零星遍布于大、小石林景区内的摩崖石刻，为东汉至近现代刻立、绘制的作品，数量多、体量大，最大的石刻高近四米，最小的只有三十厘米。石头和人的狂欢，诗与书法的比美，喀斯特自然景观与艺术的呼应，汇聚成挥洒豪情的舞蹈。这些石刻，无视理法无视说教更无视规则，是奔蛇走虺势入座，骤雨旋风声满堂的绝艺，是妙笔生花的另一个朗朗乾坤。

一笔狂草满壁纵横，清风明月无语东流。篆体、行书、隶书、楷书、草书、魏碑体……书法形式是多种多样的，有少年激情，有

中年沧桑，有志得意满，有江湖逍遥。精细的雕工与喀斯特的独特神韵相互呼应，人文景观与自然景观完美融合，在很高的人文、艺术、历史和文物价值之上，更提升了自然石林的文化内涵和人文气息，提高了旅游观光的价值。在行云流水的线条和雷霆万钧的点画之中，依稀看到庄子乘物以游心的逍遥自在。

民国二十年（1931 年）春，在云南省政府主席龙云题“石林”二字后，石林题刻蔚然成风。1962 年 6 月，时任全国人大常委会委员长的朱德到云南视察边防工作，从河口经建水视察边防返回途中，顺道游览石林，挥毫题写下饱蘸笔墨、紧劲连绵的八个字：“群峰壁立，千嶂叠翠。”字体刚劲有力，真正是一笔而成，气脉通连。其中潜含着长期的书法造诣，也隐藏着深厚的文化修养。

石林摩崖石刻群题词内容脍炙人口，书法造诣较高，循环超忽，雕刻精湛。笔画牵连的游丝或如飘风，风吹欲绝而不绝；或似枯藤，袅袅枯藤万丈悬；或笔触奔放豪迈，天马行空；或遗世高蹈，潇洒神游，成为石林风景区中的石

挥毫落纸如云烟

刻艺术珍品。

天然，纯粹的天然。天然源于性情，我体会到书写之人胸襟中流出的豪情。周钟岳跋语：“路南城西南三十里有大叠水，岩高千仞，瀑布飞流。或云可以设发电机，其力当不亚于海口。今岁春间，云南省政府主席龙云公志舟来往巡视，路经城东李子箐，见怪石嶙峋，如千队万骑，从立奔麟，心甚异之，因题石林二大字以志。归而告，予考路南县志，石林旧有此名，龙公所题，

恰与巧合。前州牧蒋元楷、学正张端亮曾作石林歌以张之，而其名未甚著。今得龙公品题，则此石当与三品九华并著云壤云。中华民国二十年（1931 年）五月剑川周钟岳记。”这样的行文，颇有岁月流逝的叠嶂之态。

“气骨云根，至性存存，南天稽柱，持重无言。”这是 1942 年，云南省财政厅厅长陆崇仁在石林崖壁上的题刻。铭文：“民国壬午（1943 年），大军云集，飞粟挽刍，不遑宁处。本年田赋征实，收实物随赋军粮，全省共有四百万公石，占农民岁入之大半，负担苛重，为前古之所未闻！有支持抗战，事非得已，然不躬亲各县善为开导，不易集事，秋末道经路南，县长罗君子谦，云大附中校子杨君春洲，邀余游焉。耽耽征

①含而不露
②天造奇观
③乘物以游心

夫，感而题词。”

当时，中国远征军十万人齐集云南，将沿滇缅公路进入缅甸对日作战，抵御日军对滇西的进攻。路南县城的魁阁周围也搭起了援战的美军帐篷。时任财政厅厅长的陆崇仁，正忙于在全省征收赋税以供军需，因此也顺便游览了因省长龙云的青睐而声名渐振的石林。连年的抗战给人民带来了沉重的负担，那一年的赋税，全省为四百万公石谷物，占农民年收入的一大半。陆崇仁感叹：“担负奇重为前古之所未闻！”面对素有“天下第一奇观”之称的石林，面对那些矗立苍穹、沉默凝重的剑峰石丛，陆崇仁心有所动，瞬间将日常所有的矜持彻底丢开，以书法的狂欢，将“气骨云根，至性存存，

骤雨旋风声满堂

南天稽柱，持重无言”一挥而就，表达出对勤劳质朴的石林劳苦大众的由衷赞美。

行走于这片书法的世界，有恢宏而高翔的自由翻飞，有急风夹骤雨的不可遏制，亦有放荡且不羁的情态气势。品字如品人，我看见提笔抒思的他们，在挥洒中放浪形骸。或一缕黄昏斜阳，凝视千仞石峰思如泉涌；或在笔酣墨畅之中，缓缓追慕古人；或一壶浊酒自由挥毫之际，相约切磋书艺。时光在岩石纹理中一点一点逝去，静水深流，书影笔墨，胸中丘壑尽托明月清风，笔墨酣畅终成千古流芳。

群岩涌翠——那绿芭蕉仍在，叶脉上的雨水一滴滴涌入昼禅。石气，和着春气，还有书卷气，自然流淌。

此间得少佳趣，何处更寻桃源——隐逸、恬淡而内敛的心境，既有雍容又有淡定。

磊落万古——那笔法是激情式、爆发式的，人格美和艺术美浑然一体。

妙笔生花

峭壁飞云——一柄有着八面豪气的寒光长剑。

❶ 物象万千

❷ 石头和人的狂欢

避秦疑无地，到此别有天——书法气息里洋溢着浪漫主义的洒脱情怀。

且住为佳——夜宿石林、峰山饮酒的不羁。

无欲则刚——含而不露、厚积薄发的美学境界。

异境天开——酒神精神和散淡胸襟的闲适。

彩云深处——风行水上的自然和逸趣。

磅礴凌云——李白大笑出门去，我辈岂是蓬蒿人。

顶天立地——力量型的壮美与飘逸。

玉树琼林——如亭亭净植之莲，结体不蔓不枝。

徜徉在这些石刻当中，跨越时间的邈远，尽情品味那些笔墨的前世今生，如饮中八仙醉卧垂帘，如月下白马驰骋纵横，文质彬彬尽显，清逸率意尽抒。“超以物象，得其环中”，或许就是这种感觉了。

石之精灵——石画

午后的光线带有一种若有若无的不确定性，我就在这样不确定的光影里，邂逅了石画。山水相映，秋水芦花，草香暗度，鸟声啁啾，画家从石林地区天然的石头和天然的彩沙里，玩味出一份别样的意境。

捧一杯热茶细细观摩，心境聚如蚕丝，散如烟霞。

来自二亿七千万年的天然石头，历经三亿多年

光阴的天然彩沙，吸尽了天地万物之灵气。它们被画家精心挑选而来，加工切割，清洗分筛，再通过其他几十道程序，最终以艺术的手法，独运的匠心，制作成绝无仅有的艺术珍品。那些纹理和色彩别具一格的石块是画中的脊梁，因为它们的加入，整幅画立刻有了灵魂，有了返璞归真的诗情与画意。艺术家的情感深深隐藏于石画当中，让人们从画中去看到、感受到、触摸到，石画本身，亦成为画家情感的产物。

眼前这些石画，是石头收藏家、雕刻艺术家满华为先生与民间艺术大师一起，潜心创作出来的神奇艺术形式，熔绘画、雕刻、剪贴等多种艺术手法于一炉，创作载体独特，绘画工艺新奇，前无古人，标新立异，是对中国乃至世界绘画领域的创

别致意境

新和发展。

在艺术形式越来越多地被创新的时代，不一定每件艺术品都符合人类的审美。作为一件优秀的艺术品，不仅要有情感的表达，更要有审美的追求。石画独树一帜的美学力度，颠覆了人们关于绘画的传统观念，树立了一份崭新的审美意趣。它的出现，既是一种新兴社会现象，也是一种全新的社会事物，影响着人们的文化、精神和生活的视角，也影响着人们的世界。因为石画的诞生，绘画艺术变得愈发多姿多彩，世界的万千变化充满了另外一种美。

中国绘画的历史，最早可追溯到原始社会新石器时代的彩陶纹饰和崖画。那时的原始绘画技巧虽然幼稚，但人类已掌握了初步的造型能力，对动物、植物等动静形态均能抓住主要特征，用

别致意境

以表达先民的信仰与愿望，对生活进行美化装饰。石画的返璞归真在于取自天然，贵在自然，具有强烈的视觉冲击力。它深深根植于民族文化土壤之中，既有油画的效果，又有国画的神韵，技法上不单纯拘泥于传统绘画，更强调生命力。石画的材料源于自然，以自然表现自然，用对象描绘对象，将灵魂赋予石头，将艺术生命给予石头，可谓匠心独具，其妙无穷。

石画中所用的石头，每一枚每一块，都是艺术大师历经千辛万苦搜集而来。面对这些天然石头，画家经过独具慧眼的精挑细选，借助大自然独特的自然景观，经过苦心孤诣的艺术构思，巧妙地布局在画中。它建构出的独特透视效果，大胆而自由地打破了时空限制，既具有高度的概括力，又兼备丰富的想象力。出色而大胆的技巧与手段，不仅使石画独具艺术魄力，也因其不可复制，而成为收藏界的宠儿。

相较于西方的油画和中国的其他绘画形式，石画的层次更加鲜明，凹凸更加有致，具有动态性与情节性，在反映现实生活方面独占鳌头。鲜明的立体画面韵味无穷，或将自然山水与艺术融汇统一，达到天地人合的艺术境界；或生动塑造现实、历史、神话人物形象，如叙事诗一般楚楚动人；或抒发不求形

似无求于世的文人情怀，超脱写意。石画的画风气魄宏大，韵律流动，既有粗犷豪放，又有细密瑰丽，内容丰富博杂，形式多姿多彩。

石画堪称艺术界的一朵奇葩，不受世俗的束缚，敢于打破时空、超越时代。一幅精妙绝伦的石画，能够令人顿时置身于自然山水的风光旖旎当中，一块石头一张画，一款石头一尊艺术品，一幅石画一首美丽诗篇。每一幅石画都是大自然的缩影，从中能够看到浓墨重彩的大自然主题，看到注重精神状态刻画的意志，看到气质表现的意识流，还看到将绘画情趣与诗、书、印有机融为一体的独特样式。神来之笔，鬼斧神工，自然山水和艺术融汇统一，奇思妙想，创意非凡，天地人合的境界具有摄人心魄的艺术感染力。

❶ 细密瑰丽

❷ 用对象描绘对象

2

光影魔术　梦幻穿梭

画家捕获到光瞬间的辉映，感受到自然界的奥妙，以精巧的构思、旷世的笔触、大胆的用色、奇妙的组合，缔造出专属的画派风格。魔法在纹理中历现命运的脉络，石林彩玉绚丽而神秘的存在，书写着对过往与未来的演绎。

自由奔放的灵魂——农民画

新颖而超然的画风拥有绝对意志的表现手法，石林当地的自然风光，撒尼人的日常生产劳动，彝族的生活场景……画家看似蓄意实则无意地编织出这样一幅场景，整个世界骤然间给他提供了取之不竭的创作题材。不论在哪个角度有所发现，画家都娴熟地把他的印象摹绘到画布上。学院派倡导的所谓高贵的题材、平衡的构图、正确的素描关系等等八股教条，统统被他抛到了一边，他只管随心所欲地画画。有人称这个画派为农民画，我认为最最准确的定义应该是——现代民间绘画。

在一个不可思议的时刻，毕文明、金牛、毕文贵等一批优秀农民画家横空出世，以精巧的构思、旷世的笔触、大胆的用色、奇妙的组合，缔造出专属于他们的画派风格，自由飘逸，欣欣向荣。他们没受过任何科班训练，不归属于任何流派，亦不拘泥于任何一家画派风格。他们的作品既不粗糙无羁，也不小心翼翼；既不是前卫，也不是抽象。他们把自己亲眼所见的实际感受传达给观众，把内心感受到的真实色彩运用于绘画，在画布上再造自然，就是他们的真正目标。

大红大绿的色彩，夸张化的描述，寓意深刻的主题，简洁明快的风格，美丽的田园风光，栩栩如生的农家生活，气氛热烈的劳动场面，吉祥喜庆的节日庆典……现代民间绘画的表现是艺术革新者新颖的传奇，不依据可靠的知识，不遵循传统的章法，单单以瞬间的印象作画。他们抓住一个具有特点的侧面来作画，疾飞的画笔把颜色直接涂在画布上，更多考虑的是画的总体效果，较少顾及枝节和细部，以粗放的笔法作画，不做

过多修饰，笔法随意，收放自如。

我猜想毕文明、金牛、毕文贵他们一定是在户外阳光下直接描绘景物的，根据太阳光谱所呈现的颜色，去反映自然界的瞬间印象。在阳光下，他们看到表现物象在光的照射下，色彩呈现的微妙变化，便依据眼睛的观察和现场的直感来作画。在阴影的处理上，一反传统绘画的黑色，改用有亮度的青色、紫色。他们选择的题材很广泛，栩栩如生的农家生活，气氛热烈的劳动场面，吉祥喜庆的节日庆典。画家试图捕捉瞬息多变的大自然，动感十足的田园风光，烟火气息浓厚的居家生活，以思维来揣摩光与色的变化，将瞬间的光感依据脑海中的处理附之于画布之上。这种对光线和色彩的揣摩达到了色彩和光感美的极致，民族风格日益成熟。

❶ 随心所欲的笔法
❷ 简洁明快的风格

1 快乐之音符

2 气氛热烈的劳动场面

很多画派正日益落入俗套，矫揉造作，传统刻板。毕文贵的画风却无比写实，他接受光学的启发，描绘的一切色彩皆产生于光，依据光谱赤橙黄绿青蓝紫七色来调配颜色。光是瞬息万变的，他捕捉到了瞬息间光的照耀，以笔触，去勾勒、去揭示自然界的奥妙。他用点取代了传统绘画简单的线与面，达到了传统绘画所无法达到的对光的描绘。当我从近处观察毕文贵的作品时，看到的是许多不同的色彩凌乱的点，但是当我从远处观察它们时，这些点就会像七色光一样汇聚起来，给人光的感觉，是一种意想不

到的效果。

现代民间绘画追求外光和色彩的表现，把身边的生活琐事和直接见闻作为题材，作品都是在描绘现实中的人物和自然风景。在构图上，截取农家生活的某个片段或场景来处理画面，打破了写生与创作的界限。光线对色彩的影响很大，不同的天气、不同的季节、不同的时间，同样的景物会呈现不同的色彩和不同的色调。同样是田间地头，画家在不同的时间就描绘出了不同的色彩效果。阳光灿烂的时候，物体被阳光照射的部分受光源影响，会偏光源的色调，而背光或投影并不是灰色的，而是由丰富的色彩构成。秋天的彝族寨子，一片金黄色，而笼罩在金黄色里的树干和石头展现的并不是它原有的固有色，而是偏紫色的。

毕文贵的创作摆脱了对历史、神话、宗教等题材的依赖，摆脱了讲述故事的传统绘画程式约束。光是瞬息万变的，毕文贵、毕文明、金牛他们捕获到了光瞬间的辉映，也就感受到了自然界的奥

夸张化的描述

妙，他们开始对外光进行独特的研究和表现。他们深入到原野中、乡村里、街头上，把自然清新生动的感观放到了首位，认真观察沐浴在光线中的自然景色，寻求并把握色彩的冷暖变化和相互作用，以看似随意实则准确抓住对象的迅捷手法，把变幻不定的光色效果记录在画布上，留下瞬间的永恒图像。彝族山寨、农家生活、婚丧嫁娶、村民孩童等沐浴在光的照射下，发生着色彩的微妙变化。物象间的构成关系被随意夸大，注入了画家的主观感情与内心情绪。透视关系与人体解剖被抛到一边，只用各种色块去堆积成一个个似是而非的形态，在画布上直抒胸臆，泼洒情怀。这些色块与形态尊重光影、遵从动感，侧重于表现劳动生活的细节。一幅幅清新脱俗，内在结构饱满而张扬的作品横空出世。

这种取自直接外光写生的方式，捕捉到的种种生动印象，以及所呈现的种种风格，是独特的创举和对绘画的革命，影响

美丽的田园风光

遍及各国，获得了辉煌的成就。

他们一反传统绘画的玄色，大胆采用有亮度的青色、紫色。他们把天然、清新、生动的感观放到首位，用心观察沐浴在光线中的天然景色，寻求色彩的冷暖变化和相互作用。三位画家或注重光与色彩，或注重造型与素描，风格各不相同。

因为追求外光和色彩的表现，毕文贵把身边的劳动琐事和直接见闻作为他的题材，描绘现实中的人物和田园风景。在构图上，截取客观物象的某个片段或场景来处理画面，彻底打破了写生与创作的界限，开创出一条属于自己的道路。他的艺术手法和实践虽然有印象派的影子，却又有别于印象派。他并不满足于印象派过于客观的描绘世界，不拘泥于刻板片面的追求光色，不满足于停留在对物

体表面光色的爱好上。他主张表现的是自我的主观世界，抒发的是自我感慨、内心情绪和主观感情，无须与客观真相完全一致。他以一位艺术家的主观情感去改造客观形象，表现主观化的客观，他孜孜不倦地尝试对色彩及形体表现性因素的自觉运用，将形式主义艺术施展到极致，几乎不顾及任何题材和内容。

虽然毕文贵已经去世，他的作品却凝聚着光与色的不凡成就，成为隽永的艺术珍宝。

毕文贵、毕文明、金牛，因为他们的勤奋与创意，因为他们独创的绘画奇迹，因为他们的旷世奇才，石林县于 1988 年荣获“现代民间绘画画乡”称号，2000 年获“中国民间艺术之乡”荣誉称号，成为不可磨灭的石林文化事象。

石林彩玉

命运的脉络

玉石的魔法总在纹理中历现命运的脉络，在色泽里闪烁无瑕的精粹。石林彩玉绚丽而神秘的存在，书写着肌理深处对过往与未来的演绎。色泽光莹，纹理繁美，变幻无穷，自由舒展，如峰峦，如瑞兽，如禽鸟，如花草。宛若诗人的世界，充盈、自由、激昂，漂泊着自由独立的意志。

2009年的一个清晨，偏僻山村大可乡的一村民，偶然在山上发现一块色彩绚丽的奇石，随后的日子，不断有村民在耕地、爬山时，也捡到彩色或透明的石头。这些石头色彩丰富明艳，质地坚硬如玉，被当地居民称作“石林彩玉”，但并未太在意。直到云南省地质科学研究中心发现并进行检测，方知晓这是一种除翡翠以外的新型硬玉，与玛瑙、碧玉等宝玉石价值等同！历史迎来里程碑式的转折点，石林彩玉被掀开神秘的面纱，所有的美丽绚烂瞬间显现在阳光下。消息在云南省玉石珠宝行业引起轩然大波，各地宝石收藏爱好者蜂拥而至，来到大可乡收集挖掘彩玉。客商们开始高价收购，价格开始节节攀升，彩玉自此开始为世人所知。

“往古之时，四极废，九州裂，天不兼覆，地不周载，火滥炎而不灭，水浩洋而不息。”远古时代，天崩地裂，大火蔓延，洪水泛滥，飞禽作孽，百姓哀号，冤魂遍野，人民流离失所。善良的女娲看到她的子民们陷入巨大灾难之中，决心炼石以补苍天。女娲在天台山顶堆巨石为炉，取五色土为料，借来太阳神火，历经千辛万苦之后终于炼成五彩石，开始补天。无奈天洞太大，五彩石不够，正在犯难之际，天空的最南边惊现彩云之色。女娲在出现彩云的地方发现了彩色的石头，与五彩石相似。女娲大喜，以这些彩色石头为原料，放在大熔炉里融化后补天。终于，天洞补好，大地放晴，五彩云霞冉冉出现于天边。从此，子民安居乐业，四海歌舞升平。

绚丽而神秘

石林彩玉，既是传说中女娲补天的五彩石，也是色彩绚丽的珍贵

玉石，拥有玉石所有最纯粹的本质，拥有红、黄、青、白、黑为主的斑斓色彩，呈透明、半透明至不透明状，精美绝伦、绚丽多彩。

彩玉广泛分布在大可乡和南大村境内，储量丰富，是石林的玛瑙、水晶、碧玉的统称。天然丰富的色彩令人目眩神迷，肌理细腻多姿，纹路变幻莫测，别致的意境神韵让人爱不释手。石林人坚信它是大山和蓝天的精灵，是美丽、幸福、吉祥、富贵的象征，会给人带来吉祥和好运。它被誉为成功幸运之石，是神力的象征、神的礼物。

源自火山喷发的岩浆残余热液形成的彩玉，主要化学成分为微晶质二氧化硅，含镍、钴、铬、锰、铜、

细腻多姿

铁等特有元素，是具有宝石学特征的隐晶质、隐－显微粒状变晶结构的矿物集合体。由于矿物成分以玉髓、石英、铁泥质等物质为主，摩氏硬度 7 度左右，它无疑属于石英岩玉，不同于以往所发现的玉髓和玛瑙，是一个崭新的玉种，新奇的玉种，不一般的玉种。

在东方，玛瑙、水晶是佛教七宝之一。石林彩玉具有其他玉石没有的天然色彩和纹路，是开在彝乡的一朵奇葩，养在深闺人未识，天生丽质难自弃。红色、黄色、紫色、绿色、蓝色及不同程度的褐色直到黑色，令它拥有不可混淆的独特光泽。彩玉呈现的主要颜色黄色、青色、白色、红色和黑色，代表着阴阳五行学说的金、木、水、火、土，又象征着东、西、南、北、中。蕴含深奥，五方神力，人们认为它凝天地之灵气，聚日月之精华，可辟邪化煞、招财纳福、开运护身、健体强身、延年益寿。

富含多种微量元素的物件，总是蕴含着万物之风采。人们无法不爱石林彩玉，其质温润细腻，其品光华内敛，其色精美绝伦，其纹变幻莫测。得一普品易，得一珍品难，得一精品绝品，更是难上加难。作为近年来声名鹊起的云南新玉种，因为它的绚丽多彩，更

纹理繁美

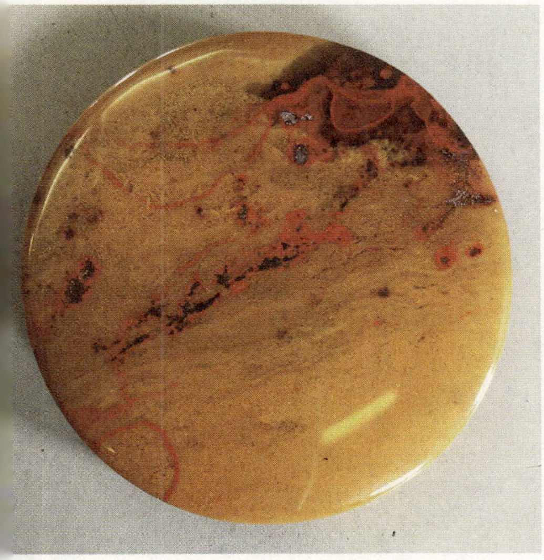

因为它的意境神韵，日益成为彩宝饰品和奇石收藏界的宠儿，市场价格不断攀升。经省珠宝玉石行业标准鉴定，石林彩玉以其独立的身份证，成为继保山龙陵黄龙玉之后，全省第二个通过宝玉石地方标准的玉石品种，跻身“玉出云南”的本土四大玉石之列。

是石林这片丰饶灵犀的土地，激活了彩玉的灵魂，涤荡出隽永的脉络。手捧一枚石林彩玉，石的灵魂得以款款梳理，玉的情感受到涓涓滋养。它携着历史溯源的纵深，带着不可言传的质感，引领人们去开启一场灵与性的探访和寻找。

梦幻王国入仙境——石林冰雪海洋世界

在温暖和煦的石林风景区旁，在石林大道与景区路交会处的三百亩地域上，竟然弥漫着冰雪茫茫的北国气息，竟然充盈着凌凌仙境的峥嵘料峭。陌生、独特而诱人的北国气场强烈存在于此，四百五十米雪上超级滑道、雪圈、雪地自行车、雪地卡丁车、雪地飞碟、爱斯基摩雪橇……热带雨林馆、珊瑚生物馆、梦幻水母宫、深海隧道馆、海豚剧场、白鲸歌剧院……这里呈现出来的所有一切，似乎都是为追寻穿越感而来的人们所准备的，极致的体验等待着每个人的惊喜尖叫。

梦幻般的冰雪海洋世界，将迢迢北国风情，悠悠冰雪奇观，引入四季如春的石林境内。七大板块赫然在目，大型室内滑雪场、梦幻雪景公

色泽光莹

1

园、海洋世界、山顶游乐园、综合性室内儿童欢乐王国、室外欢乐世界、亲子主题酒店，一旦进入，便恍若隔世，似梦似幻。

大型室内滑雪场与梦幻冰雪王国，成为全球首创的娱乐业态组合，滑雪与戏雪结合，阿尔卑斯雪山的自然美景，极地的梦幻之光，在室内得到奇迹般的完美呈现。雪上超级滑道、雪圈、雪地自行车、雪地卡丁车、雪地飞碟、爱斯基摩雪橇令人目不暇接，冰雪教堂、冰雪咖啡吧、圣诞老人和他的小木屋、白雪公主和七个小矮人、安娜公主和雪宝、艺术大师的冰雕作品

➊ 北国气场
➋ 冰雪奇观
➌ 强烈穿越

等静态观赏设施，巧妙地布置在雪景公园中，雪花在精美绝伦的光影变幻中随着音乐徐徐飘落。这是一个不亲临体验，绝对无法想象的世界，是独一无二的冰雪王国。这是一座冰雪浇筑的迪斯尼乐园，全球尚无同类项目。

海洋世界项目以云南省首座高标准主题馆的姿态，在这里大放异彩。馆内展示海洋生物三百多种计一万余头，海洋动物有白鲸、海豚，十多头海狮海豹，若干只北极动物，总展水量近万吨。六大场馆伫立于此，热带雨林馆、珊瑚生物馆、梦幻水母宫、深海隧道馆、海豚剧场、白鲸歌剧院，布局得当的场馆设计精美，造景独特，配套齐全，以海洋生物展示、海洋动物表演为主，集展示、互动、科普、休闲于一体，令人以为进入了一座现代化高水准的海洋王国当中。

❶ 精彩绝伦
❷ 乐不思返
❸ 多彩水母

❶

2

3

室内儿童欢乐王国是孩子们的天堂，堪称国内最丰富、最全面的新一代儿童主题乐园，让三岁至十八岁的儿童及青少年乐不思返。糖果世界、探险世界、儿童室内水世界、动漫世界、玩具世界、科技世界等九大娱乐场馆，为孩子们提供一站式的娱乐服务。

室外欢乐世界是另外一个欢乐王国，依托石林特有的喀斯特地貌，打造出国内同类乐园完全不同的场景。超百米长的时光隧道和伦敦桥巧妙结合，水上公园和依地势而建的巨大落差的激流勇进项目完美衔接。还有亲子酒店、服务配套商业主体，共同在这片土地上演绎神奇的冰雪神话。

杏林大观园

耳畔传来古老的牧歌声，鼻翼间嗅到清扬的草药香，可以置身其中，亦可以身处其外。如此纯粹的清澈，如此无邪的透亮，世界霎时变得温暖晓畅，亲切安宁。蒹葭苍苍，并不因此而黯然；一荣一枯，并不让它而改变。

没有壮阔的外观，没有震耳的声张，没有炫目的广告，走进杏林大观园，我却被它深深震慑。这是一座集展示中医药文化及旅游度假于一体的综合性项目，亦是一个供来客全面体验中国传统医药文化的新型文化旅游度假区，是我国第一处民族医药文化观赏地，第一家中医药科普教育园。

耳畔传来古老的牧歌，鼻翼间嗅到清扬的草药香，环顾左右，我生活的城市已然很难见到如此纯粹的清澈、如此无邪的透亮。今日在此与它相遇，世界霎时变得温暖晓畅、亲切安宁。面对这座大观园，顿时知道了世界为何满目疮痍之后依然留存美好，人性为何历经沧桑之后依然保留童真。徜徉于此，世界变成一张每个答案都知道的考卷，变成一个舒缓温馨的家园，我想不出有任何不安的心思。

杏林二字，乃中医学界的代称。

杏林故址在安徽省凤阳县境。典出三国时期闽籍道医董奉。据《神仙传》卷十记载：“君异居山为人治病不取钱，使人重病愈者，使栽杏五株，轻者一株，如此十年，计得十万余株，郁然成

林……”董奉的传说让人们用“杏林”称颂医生，医家每每以“杏林中人”自居。后世遂以“杏林春暖”“誉满杏林”来称颂医家的高尚品质和精良医术。

彩云之下，云岭之巅，杏林大观园坐落于千峰静卧的黑石箐当中，这是云南省知名制药企业——昆明杏林大观园健康产业集团有限公司，以云南特色中医药文化为背景，依托石林风景而建设的展示中医药文化及旅游度假于一体的综合性项目。一片奇石自成画，滇中明珠溢光彩，杏林大观园以展示、普及中医药文化为导向，以旅游休闲为载体，以促进中医药文化传承为内涵，三者相互作用，形成一家独具特色、可全面体验中国传统医药文化的新型文化旅游度假区，是我国第一处民族医药文化观赏地，第一家中医药科普教育园。既促进石林的游览观光，又对中医药文化的保护和医药知识的普及产生了重要的作用。

❶ 杏林大观园

❷ 国药博览

国药博览园

医药文化展示区

国药博览园坐落在黑石箐小石林，将中华医史馆、中华药史馆、经典处方馆、少数民族医药馆的精华淋漓尽显。一条长逾八十米的中华经典处方长廊，以清逸、率意的历代书法组成。文字与笔墨互相辉映成趣。我徜徉在堂明廊净之下，不紧不慢地追慕古人，古代经典处窥一斑而见全豹，思接千载间不禁流连忘返。

四十六个文化景点，利用小石林优势的自然地貌穿插其中，以医药典故为题材，建设有两百多座袖珍亭台楼阁和石雕草舍，近千种木本、草本、藤本药材摇曳生姿，似长亭古道边的芳草萋萋，又似雨敲松子、雪落竹林。独特的医药生态环境在曲径通幽处目不暇接、美不胜收。身临其境当中，中医药的精深博大挥之不去。

六千多平方米的樱花峪医药生态园建于黑石箐山脚，有暖房，有自然形态会议室，有服务设施及药材盆景庭院。街边建有七八个暖棚令药材四季常绿，四合院式的院落可供餐饮休闲和娱乐，有着不可遏制的自然情态气势，每个古色古香的庭院专门种植一种花卉药材，形成涵盖各品种的百合园、牡丹亭、芍药苑等。

个性顶破理性的硬壳，阿诗玛文化广场如同一匹饮尽秋风的骏马，超然腾跃。巨型音乐喷泉、民族图腾、传奇人物形象、液化气火把群等，形成占地十五亩的彝族文化广场，大型石雕、假山、雕塑等环拥其中，天天都是狂欢的火把节。

❶黑石箐
❷樱花峪

古镇风华区

如诗如画，似水流年，滇东南民俗的特色风情尽情铺陈于此，借鉴全国不同建筑风格，汇聚云南地域特色，打造出一座具有浓郁中国文化色彩的古商埠购物小镇。

杏林庄古镇有四街八巷，由五十六个大院落、百米木结构非固定吊脚楼组成，形成院落式带状及组团式的布局，两条千米标准大

1

2

道及百米城楼环绕其外，向西北和西南延伸成L形、串联围合成条状。商业街内分布有会馆、宗祠、书院、药店、商铺、餐饮、酒吧、客栈、中药SPA等，其中，中天阁、过街戏楼、药膳房等几处建筑出落为古镇亮点。

古镇街巷以“金”“玉”字头命名，吸纳全国各流派名中医、著名医药化妆品厂家，以及保健美容专家、整形专家设点。对珠宝、名工艺品厂家开放，建成有东南亚医药集中地的特点、具有规模销售潜力的精品产销商埠。

养生养老区

四处充盈着空灵缥缈的老庄道家之玄，拭去街市的喧嚣与尘土，两百幢老年公寓静谧舒缓，一片颐养天年的晚景图画徐徐展开。二甲康复医院、高档幼儿园、老年服务中心、健体娱乐中心、剧院、药膳配送、五星酒店等设施，让晚年生活安然无忧。功能齐全、服务完备的大环境优美高雅，中医药科学养生理念融入自然景观，最优越的医疗护理条件融入配套服务之中，营造出全国最适宜养生养老的理想之地。

园艺景观区

蒹葭苍苍，并不因此而黯然；一荣一枯，并不让

它而改变。优美秀丽的生态环境是杏林大观园长年不衰的景色。两条宽十三米、长一千二百米，有着石板人行道和百米绿荫的观光大道贯通全境，全园景观塑造及绿化达到一千五百亩。三个芳香药材林木及盆景药材苗圃，既达到园区美化的效果，又为城市清新绿化、居民保健用药提供种苗。园区植被全覆盖是它的目标，合理选取经济价值较高的木本、草本及藤本药材，以植物群落的方式营造美丽景观，以净化园区和城市空气为宗旨，改善居民的保健条件。

农业高技术示范区

划地五百亩建成的农业高技术示范区，是为着未来的美景而存在的，它的建成见证了一个个清晰的目标和美好的远景，并且作为三七立体栽培工厂化生产及百合育种示范区而傲立。农科工贸一体化是生物制药企业必行的产业化生产道路，依据企业对三七原料的基本需求，经过一年小试、一年中试，积极开展三七立体栽培试验，在植株采光、棚结构优化设计、栽培基质、细菌肥料制造及植保技术诸方面，已取得可喜科研成果，为大面积推广珍稀名贵药材GAP工厂化生产铺平了道路。此外，还与中国农科院合作，在园区建立一个国家级百合育种试验站，为在石林县推广百合种植提供种源条件。

杏林大观园的落成，是对民族医药文化的弘扬光大，同时提供了一个全民健康科普教育基地。各种纪念馆、展览场馆形成一片医药生态园，系统展示了中国三千年医药发展史，推介博大精深的中医理论和诊疗实绩。人们在游览中得到中医药知识的熏陶，自我保健理念亦得以提升。

来到这样一片园区，可以置身其中，亦可以身处其外。它是一个复杂而有深度的地方，配得上人们对于美好生活的展望，配得上生命提升的品质，可谓风华绝代。

① 中华处方长廊

② 皇帝论经殿

民族团结

后记：时光深处的静思

青山不老，森林逶迤，山河入梦；天空纯净，大地安详，日月肃穆。长湖水清澈依旧，老圭山草木欢笑，彝乡人生命灿烂。石林这座经典而隽永的美丽城郭，提供给人们无限的想象力和无尽的信心。

喀斯特地貌塑造的奇特石柱，连接着过去，也指向着未来。早在80万年前，就有人类在这块富饶的土地上繁衍生息。夏商时属梁州域，春秋战国时属楚国。西汉元鼎六年（前111年）始设谈稿县，唐初以后，彝族先民建立的落蒙部称雄滇东地区。元代，削改落蒙万户府为路南州。民国二年（1913年），改路南州为路南县。1949年3月23日，成立路南县人民解放委员会；7月12日，成立路南县人民临时政府；12月12日，路南县人民临时政府入城接管国民党政权机构——路南县政府。1950年5月6日，成立路南县人民政府，隶属于宜良专区。1954年，路南因宜良专区撤销而改属曲靖专区。1956年12月31日，成立路南彝族自治县。1958年11月12日，撤销路南彝族自治县建制，并入宜良县。1964年2月，恢复路南彝族自治县建制，仍属曲靖地区。1984年，全县整建制划归昆明市，为市辖县。1998年10月8日，经国务院批准，路南彝族自治县更名为石林彝族自治县。

自从石林这座神奇的城郭形成至今，两千多年来，提供给人们无限的想象力和无尽的信心。一代人来，一代人去，他们的故事沉淀在这片神奇的土地上，和他们有关的历史成为故事、成为传说、成为宝藏。

近年来，特别是党的十九大以来，彝乡各族人民承前启后，继往开来，开拓进取，艰苦创业，一心一意谋发展，聚精会神搞建设，谱写出了县域经济快速增长、综合实力明显增强的新华章，先后荣获全国文明县城、国家卫生县城、国家园林县城、全国民族团结进步示范县、全国生态文明建设示范县、国家全域旅游示范区、全国粮食生产先进县、全国科普示范县、国家新能源示范城市、国家现代农业示范区、云南省高原特色农业示范县等荣誉。

拥有“世界自然遗产”“世界地质公园”“国家AAAAA级景区”几大称号融为一体的石林风景名胜区傲立于此；旧石器遗址，古崖画，滇黔驿道，古石桥，秘藏着历史沉淀的宝库；赵发扎营的独石山，“中国的井冈山，云南的老圭山”，传颂着石林的红色经典；阿诗玛叙事长诗，大三弦，撒尼刺绣，彝族摔跤，火把节，密枝节，阿诗玛文化节，情歌节，演绎着非物质文化遗产的悠悠歌谣；长湖、大叠水、糯黑村、阿着底，吸引着全世界的脚步；古老地界埂，普鲁海牙墓，文庙武庙古建筑群，乍龙彝文摩崖碑，狮山寺，文笔塔，遗臭碑，去思碑，摩崖石刻，小乐台旧村义学，大砂石桥，蕴含着丰厚的文化底蕴；农民画，石林彩玉，沙石画，地质博物馆，杏林大观园，冰雪海洋世界，昭示着石林不一样的未来。

“来到彝族的寨子，就是彝族的兄弟；走进彝族的大门，就是彝族的亲戚。”热情好客的彝族人，独具特色的八大碗，让远方的客人“走是要走了，舍是舍不得”，难以忘怀的悠长歌声，演绎出经典的“远方的客人请你留下来”，阔别多年之后依然魂牵梦萦。

世界喀斯特地貌的精华，中国阿诗玛的故乡，石林的纯美不止演绎在石海的苍茫、飞瀑的壮观，也挥洒在澄澈的蓝天和纯净的一呼一吸间。丰富的生态资源、优越的生态条件、扎实的生态基础和浓厚的生态文化底蕴，将这座城市打造为中国天然氧吧，以远远高于世界卫生组织规定清新空气负氧离子浓度的傲人成绩，以冬无严寒、夏无酷暑、四季如春的养生气候，出落为名副其实的绿水青山生态美县。

石林，如大地般蕴蓄万物生长，如岁月般铭刻千古变迁，夹裹着历史演进的片段和城市迈进的足音。她的山水自天地间诞生，她的城市从自然里演绎，她的文化在历史中积淀，自然与人文完美融合成自己的城市文化，是一座千金万金难以换取的永恒之城。

这样一座城市，需要耐心、缓慢地研读，需要精致与精心面对。不管是在这里定居，还是来这里旅游，都能寻找到融入的快乐和契合的惬意。来到这里，可以与自然对话、与历史对话、与心灵对话。